L' ETNA

POÈME

COLLECTION DES UNIVERSITÉS DE FRANCE

publiée sous le patronage de l'ASSOCIATION GUILLAUME BUDÉ

L'ETNA

POÈME

TEXTE ÉTABLI ET TRADUIT

PAR

J. VESSEREAU

Professeur agrégé au lycée de Versailles

Troisième tirage

PARIS

LES BELLES LETTRES

2002

Conformément aux statuts de l'Association Guillaume Budé, ce volume a été soumis à l'approbation de la commission technique, qui a chargé M. H. Goelzer d'en faire la révision et d'en surveiller la correction en collaboration avec M. J. Vessereau.

© 2002. Société d'édition Les Belles Lettres
95 boulevard Raspail, 75006 Paris
www.lesbelleslettres.com

Première édition 1923

ISBN : 2-251-01091-2
ISSN : 0184-7155

INTRODUCTION

Il est peu d'œuvres dans la littérature latine qui offrent
à la critique autant de difficultés à résoudre que l'*Aetna*.
L'auteur en est inconnu ; la date en est incertaine et beaucoup de vers nous sont parvenus dans un état d'altération
qui paraît irrémédiable. Il a d'autre part depuis le xvie siècle été l'objet de tant de conjectures et de tant de corrections que sur un total de 643 vers il n'en reste pas 50 qui
n'aient été remaniés. Il convient dans ces conditions, sans
repousser à priori toutes les suggestions des éditeurs et
des savants des quatre derniers siècles dans les passages
particulièrement difficiles, de tirer le plus de parti possible
de la tradition manuscrite et de chercher à interpréter
plutôt qu'à corriger. Malgré les non-sens, les barbarismes, les vers inintelligibles, sans doute aussi les lacunes
et transpositions qu'on peut reprocher à tous les manuscrits, même les meilleurs, l'exemple donné par Munro,
Ellis et aussi par Sudhaus, sauf quand il tente d'expliquer
l'inexplicable, conduit à des résultats plus acceptables
que ne le sont les corrections hasardeuses introduites par
Baehrens dans son édition ou proposées par J. Maehly et
J.-M. Stowasser (1), pour ne citer que ceux-là.

Le cadre de cette édition ne me permet pas de traiter,
même sommairement, les nombreuses· questions qui se
posent au sujet de ce poème, et dont une partie a été
copieusement étudiée dans les éditions d'Ellis et de Sud-

(1) J. Maehly, *Beiträge zur Kritik des Lehrgedichtes Aetna*,Basel,
1862 ; — J.-M. Stowasser, *Ein paar Stellen aus « Aetna »* (*Zeit-
schr. f. die österr. Gymn.* 1900, x. Heft, p. 865-872; —*zur Latinität
des Aetna* (ibid., v Heft, p. 385-398).

haus : peut-être feront-elles un jour l'objet d'un volume
complémentaire. Il me suffira de passer brièvement en
revue les principales et de consigner, quand il y aura lieu,
les résultats acquis, sans prétendre résoudre certains pro-
blèmes que je déclare franchement insolubles.

LA DATE DU POÈME

L'*Aetna* ne peut avoir été composé qu'entre l'an 55
av. J.-C., date de la mort de Lucrèce, et l'an 79 ap. J.-C.,
date de l'éruption bien connue du Vésuve. Il offre en effet
de très fortes ressemblances avec Lucrèce (1) sans pré-
senter dans la langue le caractère archaïque qu'on atten-
drait d'un prédécesseur ou d'un contemporain de ce dernier poète ; d'autre part, il n'y est fait aucune allusion à
l'éruption du Vésuve, ce qui serait bien invraisemblable,
si l'œuvre était postérieure.

Entre ces deux dates extrêmes toutes les suppositions
sont possibles. Elles ont toutes été faites. Je ne retiendrai
que les arguments les plus frappants.

L'opinion la plus souvent admise depuis Wernsdorf (2)
est que le *Triton canorus* du vers 292 serait une allusion
au Triton d'argent hydraulique qui fut produit lors de la
naumachie donnée en spectacle par Claude sur le lac
Fucin en 53 ap. J.-C. ; l'orgue hydraulique des vers 297-
300 serait un de ces instruments dont Néron voulait intro-
duire au théâtre toutes les variétés connues ; d'où il résulterait que le poème serait de l'époque de Néron et postérieur à l'an 53. Tous les arguments apportés en faveur de
cette thèse depuis Wernsdorf, en particulier par Hildebrandt (3), ne me paraissent pas l'emporter sur d'autres
considérations que je ferai valoir plus loin. Les machines

---

(1) V. Alzinger, *Studia in Aetnam collata*, Leipzig 1896.
(2) V. dans Lemaire P. L. M., t. III, *praefat.* p. 16 sq. Cf. Ribbek,
Gesch. d. röm. Dicht. III, p. 129. C'est également celle du dernier
éditeur, Lenchantin de Gubernatis.
(3) *Beiträge zur Erklär. d. Ged. Aetna*, p. 16, Leipzig 1900 ; cf.
Rhetorische Hydraulik dans *Philologus* 65, N. F. 19 (1906), p. 427
sqq.

hydrauliques, orgues hydrauliques, de même que la pompe à incendie (1),à laquelle est faite une allusion au vers 326, étaient connues à Rome bien avant Néron et depuis Jules César des naumachies étaient données dans des bassins creusés spécialement à cette intention, soit au bord du Tibre, soit aux environs de Rome.

On a aussi voulu conclure de la lettre de Sénèque à Lucilius (lettre LXXIX) où sont mentionnés seulement Virgile, Ovide, Cornelius Severus parmi les auteurs qui ont écrit sur l'Etna, que l'œuvre serait postérieure à l'an 65, date de la lettre, si toutefois elle n'était pas de l'un des trois poètes qui y sont nommés. Et comme Sénèque invite Lucilius à décrire l'Etna à son tour, il était tout indiqué d'attribuer le poème à ce dernier, opinion qui a prévalu près d'un siècle depuis Wernsdorf. J'examinerai plus loin la question d'auteur ; mais je note ici que Sudhaus, en montrant que Sénèque et l'auteur de l'*Aetna* ont puisé à une source commune, a ruiné la thèse de Wagler qui plaçait l'œuvre après l'an 65 et en faisait un poème de Lucilius Junior en raison des concordances manifestes (2) de la plupart des théories physiques qui y sont exposées avec celles des *Naturales Quaestiones* de Sénèque. En faveur de cette époque Birt invoque également l'extraordinaire ressemblance des vers 77-90 de l'*Aetna* avec le sujet de l'*Hercules Oeteus* (3). Mais comme dans les deux cas il s'agit de lieux communs mythologiques, la comparaison n'entraîne pas conviction.

Je n'attache pas non plus une très grande importance à l'argumentation de O. Gross (4) qui s'appuie sur une comparaison entre divers passages de l'*Octavia* et de l'*Aetna* pour déclarer que la tragédie a précédé le poème didac-

---

(1) V. Alzinger, *Wasserorgel und Wasseruhr in der Aetna*, dans *Blätter für das Gymnasialsch.* 1900, p. 649-656. Alzinger voit une horloge d'eau dans les vers 292 suiv.

(2) Cf. par ex. *Aetna* 302 et Sénèque *N. Q.* III, 16, 4 : hoc loco, dit Wagler, nihil nisi Senecae sui verba pedestria in versus hexametros redegit poeta.

(3) Birt, *zum Aetna*, dans le *Philologus* LVII, 4 (1898).

(4) *De metonymiis sermonis Latini a deorum nominibus petitis*, Halis Saxonum, 1911.

tique et que par suite ce dernier serait postérieur à l'an 69, date de l'*Octavia*. Les conclusions tirées de raisonnements de ce genre me paraissent très discutables.

Sudhaus croit l'œuvre composée après les *Géorgiques* et avant le premier livre de Properce, c'est-à-dire entre 30 et 20 ans avant J.-C. Ses arguments sont peu probants. Dans l'*Aetna* la pierre meulière est qualifiée deux fois *patiens* à cause de sa dureté et de sa résistance à l'action du feu. Cette expression, que Properce aurait *pu* entendre dans une « récitation » publique du poème, est appliquée par lui à sa maîtresse qui, *saxo patientior. . Sicano*, lui interdit sa porte. D'autre part le poème renfermerait un grand nombre de passages empruntés aux *Géorgiques*, aucun ou peu s'en faut, qui rappelle l'*Enéide*. Cette double raison est fort discutable (1) ; rien ne prouve que le *saxum Sicanum* de Properce soit précisément le *lapis molaris*, comme le pense Sudhaus et avec lui Birt et Hildebrandt ; quant aux ressemblances avec l'*Enéide*, elles sont des plus nombreuses et des plus curieuses (2).

Je passe sous silence beaucoup d'autres hypothèses et prétends que la question est à examiner à un autre point de vue. Le poème paraît être, non pas l'œuvre d'un amateur ou d'un naturaliste en chambre, mais une étude sincère, objective, désireuse de ne faire croire au lecteur que ce qui a été vu et compris par l'auteur. Il est bien invraisemblable, à lire l'œuvre dans l'ensemble, que le poète n'ait pas eu devant les yeux une éruption de l'Etna et n'ait pas été poussé par là à étudier le volcan et les manifestations de son activité intérieure, puis à en faire le sujet d'un poème scientifique. Or, il n'y eut aucune éruption entre 122 et 50 av. J.-C., ni entre 32 avant et 40 après J.-C., et même l'éruption de l'an 40 ne fut guère, au dire de Suétone, que « fumus ac murmur », ce qui correspond mal aux manifestations éruptives décrites dans

(1) V. Helm, *Wochenschr. f. kl. Philol.* 1898, p. 1197 ; 1900, p. 795.

(2) Walter en particulier en a réuni un nombre important d'exemples ; v. *zur Textbehandlung und zur Autorfrage des Aetna*, dans *Blätter für das Gymnas.* XXXV (1899), p. 585 suiv.

le poème. En revanche, entre l'an 50 et l'an 32 avant J.-C.,
il y eut quatre éruptions (en 50, 44, 38, 32). Les deux premières surtout furent effrayantes ; la seconde est celle dont
parle Virgile et dont les effets se firent sentir jusqu'à
Rhegium ; mais la première ne dut pas moins frapper les
esprits, parce qu'elle succédait à une période d'assoupis-
sement de 72 ans. Il est très naturel que l'une ou l'autre
ait inspiré notre poème (1). Dire à ce sujet que l'Etna n'est
jamais *frigidus* et qu'il lance toujours de la fumée et des
tourbillons de sable n'a guère de sens ; il s'agit dans le
poème de tout autre chose.

Cette hypothèse concorde fort bien avec les arguments
empruntés par Kruczkiewicz et Alzinger (2) aux vers 569-
601. L'auteur s'y adresse aux Italiens en général et aux
Siciliens en particulier, non pas, comme l'affirment Wagler
et ceux qui partagent son opinion, à tous les hommes sans
distinction. Il remarque qu'ils font des voyages dange-
reux sur terre et sur mer pour courir en Grèce et en Asie
contempler les monuments merveilleux de l'antiquité,
admirer des œuvres d'art ou revivre par la pensée les
siècles écoulés avec leur cortège de souvenirs légendaires
ou historiques. Il met ensuite en opposition la grande
merveille de la nature, en Occident, l'Etna, et les curio-
sités qui attirent les touristes occidentaux en Orient.
Parmi ces dernières il cite les statues et les tableaux d'artistes grecs, entre autres quatre chefs d'œuvre désignés par
des périphrases, mais faciles à identifier. Or l'un d'eux, la
Médée de Timomaque, fut amené à Rome par Jules César
entre 46 et 44 avant J.-C. (Pline, *N. H.* XXXV, 40, 11).
Il resterait à conclure que l'*Aetna* a été composé entre l'an
50 et l'an 46, ce qui n'est point invraisemblable, comme
on le verra plus loin. Ces dates sont précisément celles qui
marquent la fin de la guerre civile entre César et Pompée ;

(1) V. Kruczkiewicz : *Poema de Aetna monte Vergilio auctori
potissimum esse tribuendum* dans *Rozprawy i Sprawozdania z
posiedzen wydzialu filologicznego Akademii umiejetnosci* X, p. 157
sqq., Cracovie, 1884.
(2) Studia..., *op. cit.*, p. 44 suiv. ; cf. Tolkiehn dans la *Wochenschr.
f. kl. Phil.* 1896, 22, p. 604.

la bataille de Pharsale, suivie peu après de la mort de Pompée, est de l'an 48. Or, on ne peut pas le nier, le poème est rempli de souvenirs de guerre, de métaphores empruntées à la vie militaire ou à la tactique des combats. Ce ton et ces allusions s'expliqueraient à cette époque mieux qu'à toute autre.

Il est très difficile et très délicat d'invoquer des considérations de langue, de style ou de métrique dans des questions de ce genre, malgré l'importance que leur accordent beaucoup de savants. Pour la plupart, la langue serait celle de la latinité d'*argent* et le poème se placerait à l'époque de Néron, suivant Birt, Hildebrandt, Herr, après Ovide et Manilius, suivant Buecheler, après les *Questions naturelles*, suivant Catholy (1), sans compter d'autres qu'il serait oiseux de nommer. Mais il faut remarquer qu'une langue ne se modifie pas assez au coursd'un demi-siècle ou même d'un siècle, et les procédés métriques sont trop variables suivant les poètes, pour que des observations de cette sorte puissent fournir des arguments solides. A ce compte, on pourrait se demander s'il n'y aurait pas lieu de reculer le poème jusqu'aux temps d'Ausone, car M. de la Ville de Mirmont (2) qui connaît Ausone mieux qu'aucun savant de France, signale deux curieux rapports entre la versification de l'*Aetna* et celle de la *Mosella* (v. *de Ausonii Mosella,* 1892, pp. 138 suiv.), ainsi que diverses similitudes dans la composition et le développement des deux poèmes. D'ailleurs ce qui est néologisme chez un écrivain peut être archaïsme chez un autre ou inversement; enfin le texte de l'*Aetna* n'est pas établi d'une façon indiscutable. Cependant, l'examen du style, des formes et de la quantité fournit quelques légers indices. On note dans l'*Aetna* les signes d'archaïsme étudiés par Näke dans son édition des *Dirae* et de la *Lydia* : répétition des mêmes mots et retours incessant des mêmes formules. On n'y rencontre aucun génitif en *ii,* aucune finale brève en *ŏ* au nominatif singulier des substantifs ou à la première per-

(1) *De Aetnae aetate,* Greifswald, 1908.
(2) *Revue universitaire,* Juillet 1905, p. 135.

sonne des verbes. La césure bucolique y est tout à fait exceptionnelle. Parmi les mots cités comme inconnus à l'âge d'or, quelques-uns sont de mauvaises leçons ; d'autres, qui se lisent dans Quintilien (*emugit* 294) ou Pline le Jeune (*sucosus* 264, 533, *lentities* 542) pour la première fois, sont-ils nécessairement des créations de Quintilien ou de Pline le Jeune ? D'autres encore, comme *effumat*, sont des ἅπαξ λεγόμενα comme on en rencontre à peu près chez tous les écrivains. Si enfin l'*Aetna* offre de nombreuses ressemblances avec les *Géorgiques* et même, quoi qu'en dise Sudhaus, avec l'*Enéide*, ainsi qu'avec Ovide, Manilius, Lucain, d'autres encore, il en a de tout aussi nombreuses et aussi typiques avec Lucrèce. Où est le modèle ? où est l'imitateur ? Pour ce qui est de la technique métrique, Birt lui-même, qui attache une grande importance aux questions de ce genre, avoue qu'on ne peut tirer de cette étude aucune conclusion sur la date du poème (1).

L'AUTEUR

Les premiers éditeurs, au xve siècle, publièrent l'*Aetna* en compagnie de la *Ciris*, du *Culex* et des autres petits poèmes de l'*Appendix Vergiliana*.

Réuni dans certains manuscrits au poème de Pétrone, il fut attribué à ce dernier par Vincent de Beauvais (+1264), qui cependant trouve lui-même cette attribution peu

(1) Voici quelques références sur ces questions qui sont laissées de côté dans la présente édition : Birt, *zum Aetna*, art. cité; Stowasser, *ein Paar Stellen*... art. cité ; *zur Latinität*... art. cité : Ern. Herr, *de Aetnae carminis sermone*, Marbourg 1911 ; Mähly, *Beiträge*... art. cité ; Gross, *de metonymiis lat. a deorum nominibus petitis*, Halle, 1911 ; Catholy, *de Aetnae aetate*, Greifswald 1908 ; Lenchantin de Gubernatis, *La flessione dei nomi greci nel poemetto* « *Aetna* » (*Boll. di Filol. class.* XIV, 8-9-10 févr.-avr. 1908) ; *di alcune peculiarita nella sintassi dei casi nel poemetto* « *Aetna* » (*ibid.* XVIII, 2-3 août-sept. 1911) ; Franke : *res metrica Aetnae carminis*, Marbourg 1898. Cf. aussi l'introduction de l'édition de Lenchantin de Gubernatis, p. 19 et suiv. et, dans ma propre édition de 1905, la table des pages 93 et suivantes.

fondée et émet l'hypothèse, reprise par Wernsdorf, que ce serait l'œuvre de Lucilius Junior ; les vers 631-632 sont cités par Jacques Legrand (+ vers 1421) également sous le nom de Pétrone.

Barth et, après lui, Leclerc et Schmid attribuent le poème à Manilius, mais ailleurs (*Aduers. lib.* XXXII, 15 sqq.) Barth croit y voir des passages qui feraient de l'auteur un poète chrétien ! On a même mis en avant le nom de Claudien (1) et cette opinion remonte jusqu'à L. Giraldi qui l'envisage sans se prononcer, parce que l'*Aetna* était réuni aux œuvres de Claudien dans le Codex *Lucensis* qu'il avait entre les mains.

Dès le XVe siècle, l'édition de Rome des *Catalecta Virgiliana* (1471) présente le poème comme assigné « a quibusdam Cornelio Severo » ; cette opinion est reproduite dans la plupart des éditions suivantes. Mais l'*Aldine* (1517) se contente de *incerti auctoris*. L'attribution à Cornelius Severus se lit dans le Cod. *Sloanianus*, mais le *Vaticanus* 3255, décrit par Dal Zotto (2), donne le poème sous le nom de Virgile. En somme, sans entrer dans plus de détails, on remarque qu'au XVe et au XVIe siècles, il y avait hésitation entre Virgile et Cornelius Severus (3).

Grâce à l'autorité de Jos. Scaliger (1re édit. 1573) le poème fut publié pendant deux siècles, jusqu'à Wernsdorf, sous le nom de Cornelius Severus. L'opinion de Scaliger s'appuie sur le passage de la lettre de Sénèque à Lucilius dont il a déjà été question, passage que Wernsdorf invoque précisément en faveur de Lucilius Junior et qu'il serait hors de propos de rapporter et de discuter ici.

(1) Ce qui a pu donner du poids à cette opinion, c'est la présence dans les œuvres de Claudien de plusieurs pièces qui rappellent divers passages de l'*Aetna* : *de piis fratribus* (Ed. Jeep. *Carm. min.*, t. II, p. 172) ; *de Gigantomachia* (ibid., p. 123) ; *de raptu Proserpinae* (ibid., t. I, p. 153) ; sur l'épithète de Claudien, uir *siculus*, v. Jeep, t. I, *praef.* p. VI).

(2) *De Aetna quaestiones*, pp. 10-11 ; 22-25 et *Appendix*.

(3) Cf. Giraldi, *De poet. dial.* IV, p. 223 : dicitur insuper (Cornelius Severus) de Aetna monte carmen composuisse, unde factum ut poema quod de Aetna monte Virgilio adscribitur, Severo nonnulli potius attribuant.

La thèse de Wernsdorf, généralement acceptée jusqu'à Baehrens, et qui ne paraît pas improbable à Ellis (p. XXXVII sq. de son édition) ne peut pas être rejetée sans examen. De la lettre où Sénèque écrit à Lucilius : « donec Aetnam describas in *tuo carmine* », on peut, semble-t-il, déduire que Lucilius avait le désir de mentionner, peut-être de décrire l'Etna dans un poème qu'il composait (*tuum carmen*) ; mais cela n'indique pas qu'il voulait en faire le sujet d'un poème spécial, tel qu'est notre *Aetna*. Sans doute Sénèque l'exhorte vivement à ce que «...hunc sollemnem omnibus poetis locum *attingat*.. quem quominus Ouidius tractaret, nihil obstitit quod jam Virgilius impleuerat ; ne Seuerum quidem Cornelium uterque deterruit.. Aut ego te noui, aut Aetna tibi saliuam mouet. » Sans doute aussi ce Lucilius, disciple et ami de Sénèque, s'intéressait aux questions d'histoire naturelle et de philosophie et ne manquait pas de talent poétique (1). Il était *procurator* en Sicile ; il avait été chargé par son maître précisément de faire l'ascension de l'Etna *in honorem suum* et de lui fournir quelques renseignements précis relatifs à cette montagne ; d'autre part il avait chanté diverses merveilles de la Sicile, en particulier la fontaine Aréthuse par où ressortaient, suivant une tradition que rapporte Sénèque, après un trajet souterrain à travers des canaux inconnus, les immondices provenant des victimes sacrifiées tous les cinq ans à Olympie (2). Des canaux de ce genre sont mentionnés dans l'*Aetna*.

Seulement, à regarder les choses de près, il en est de Lucilius Junior comme de Cornelius Severus. Il a pu, il a peut-être même dû écrire quelques vers ou quelques tirades sur l'Etna (*hunc locum... attingere*) dans un poème qu'il était en train de composer (*tuum carmen*), non en faire l'objet d'un poème indépendant. Les expressions qu'emploie Sénèque dans la même lettre : *iam cupis grande aliquid et par prioribus scribere*, peuvent s'entendre du talent poétique et de la diction tout autant que de la nature du poème.

(1) Sénèque, *Nat. Quaest.*, l. IV, *praef.*
(2) Sénèque, *Nat. Quaest.*, l. III, 26.

Je cite en passant l'opinion de Birt (1), qui ne serait pas
éloigné d'attribuer l'œuvre à Pline l'ancien, à la suite d'une
comparaison entre divers passages de l'*Aetna* et de l'*Histoire naturelle*, celle de Lemaire (2), pour qui Octavien,
ayant fait en vers une description de la Sicile, aurait pu
chanter l'Etna, celles de J.-C. Scaliger (3) qui proposait
Quintilius Varus, de Bähr (4) qui pensait à Ovide, de Dal
Zotto (5), qui, après avoir cherché et trouvé des arguments
en faveur de Sénèque, a fini par changer d'avis.

A l'heure présente l'attribution à Virgile, reprise en 1884
par Br. Kruckziewicz (6), soutenue depuis par Walter (7) et
Alzinger (8), compte bien peu de partisans. J'estime cependant que c'est une des mieux fondées, sans pouvoir affirmer qu'elle s'impose (9).

Elle s'appuyait dans l'antiquité sur le témoignage de
Donat et de Servius. On lit en effet dans Donat : «*scripsit
etiam de qua ambigitur* Aetnam» (10), suivant la leçon vulgaire. Mais le Codex *Bernensis* donne les mots *de qua ambigitur* après *scripsit etiam Aetnam*, et le Cod. *Sangallensis* ne
donne ni *etiam* ni *de qua ambigitur* (11) ; d'où il résulterait
que ces mots seraient dus à une interpolation et que Donat
n'aurait émis aucun doute sur l'authenticité de l'*Aetna*.

---

(1) Art. cité *zum Aetna* ; cf. E. Herr, ouvr. cité ; Hildebrandt,
Beiträge..., art. cité.

(2) Poetae Lat. min., t. III, p. 18.

(3) *Hypercr.*, cap. VII, p. 852 ; cf. Wernsdorf, préf. à l'*Aetna* (Lemaire, III, p. 12).

(4) Bähr cite, sans nom d'auteur : *Carminis cui Aetnae nomen
inscribitur auctorem Ouidium sibi proposuit...* (?), à la suite d'une
thèse de Seemann (J.) : *De rebus gestis Arabum a. Chr. n.* 1835,
Berlin.

(5) *De Aetna quaestiones ;* v. *suprà.* p. xiv.

(6) Art. cité ; v. *suprà.* p. xi.

(7) *Zur Textbehandlung...* art. cité ; v. *suprà.* p. x.

(8) *Studia in Aetnam collata ;* v. *suprà.* p. viii.

(9) V. dans mon édition de l'*Aetna* (1885) la question exposée
avec plus de détails qu'ici.

(10) *Suetoni relliquiae* edid. Aug. Reifferschied, p. 58, Leipzig,
1860.

(11) V. Notes critiques de l'édit. Ribbeck, vol. IV, *Append. Verg.*,
proleg., p. 1, Leipzig, 1878.

Servius attribue très nettement l'*Aetna* à Virgile : *scripsit etiam septem siue octo* (1) *libros hos* : *Cirin,* Aetnam,etc... Dans sa note à l'*Enéide* III, 571, il écrit : *secundum* Aetnam *Virgilii.* Virgile écrivit certainement un *Culex* auquel font allusion Lucain, Stace et Martial ; au temps de Suétone on lui attribuait couramment un *Aetna.* De ce que l'attribution à Virgile de la *Ciris,* de la *Copa,* du *Moretum,* des *Dirae* et d'une partie des *Catalecta* est mal fondée, il ne résulte pas nécessairement que celle de l'*Aetna* ne l'est pas, ni le contraire non plus, de sorte qu'il faut recourir à d'autres arguments.

On peut en dire autant des manuscrits. Les meilleurs, CS entre autres, nous ont conservé le poème sous le nom de Virgile. Ce devait être l'opinion courante au Xe siècle. Dans certains manuscrits très inférieurs du XVIe siècle, l'attribution est la même ; il est possible qu'elle remonte à un original très ancien. Les premières éditions donnent également le poème sous le nom de Virgile, sauf quelques-unes où on lit : *a quibusdam Cornelio Severo tribuitur,* ce qui ressemble étrangement à une conjecture d'humaniste.

A un autre point de vue, si l'on remarque que l'auteur devait avoir vu de ses propres yeux les spectacles qu'il décrit et visité, outre l'Etna, d'autres régions volcaniques dans le sud de l'Italie, on se demande si ce ne fut pas le cas de Virgile. Il est difficile de l'affirmer, car il faut, pour la question qui nous occupe, que le voyage ou le séjour soit antérieur aux *Bucoliques.* Que Virgile ait séjourné en Campanie et en Sicile, la chose est hors de doute. Mais quand ? Servius dit : *nam et Cremonae et Mediolani et Neapoli studuit* ; d'après Donat, il aurait passé de Milan à Naples où il se livra avec ardeur à l'étude des lettres grecques et latines, puis de la philosophie et des sciences, et serait ensuite revenu à Rome. Seulement le texte de la vulgate, en ce qui concerne Donat, serait interpolé, et le séjour à Naples une invention due à une confusion d'époques (2).En fait,ni la *Vita Bernensis* ni la biographie de Phocas, qui dépend étroitement de Donat, ne parlent

---

(1) Sur *septem siue octo,* v. Baehrens, P. L. M., II,p. 37.
(2) V. Cartault, *Etudes sur les Bucoliques,* p. 10-11, Paris,1897.

d'un séjour à Naples à cette époque. Mais, que l'interpolation soit réelle ou non, le fait du séjour à Naples se lit dans
Servius. Est-il si invraisemblable que Virgile ait visité
ou habité la Campanie ou même la Sicile dans les années
qui ont suivi sa prise de toge virile, c'est-à-dire à l'âge
de 18 à 20 ans, au besoin entre 18 et 26 ans. Quand il
composera ses *Géorgiques* à Naples (v. *Georg.*, IV, 563-564)
il prétendra (I, 471 sqq.) *avoir vu bien des fois* l'Etna
déverser ses torrents de laves sur les champs de Sicile ;
j'estime qu'on affaiblirait étrangement sa pensée en pre-
nant *quoties* et *uidimus* dans un sens général pour désigner
un spectacle dont il n'aurait pas été personnellement
témoin.

Aux vers 514-516 de l'*Aetna*, l'auteur fait allusion à la
terre à potier qui peut se fondre sous l'action d'un feu
intense et appelle les potiers eux-mêmes en témoignage
de ce qu'il avance. Il n'est pas indifférent de remarquer
ici que parmi les versions qui avaient cours sur les parents
de Virgile, une des plus accréditées était, au dire de Phocas, celle qui en faisait le fils d'un potier : *sed plures figu-
lum* (sc. *referunt genitorem esse*),... *figuli suboles*, etc.
Virgile aurait pu observer dans l'atelier paternel le fait
qui est constaté dans l'*Aetna*.

Dans l'hypothèse où Virgile aurait écrit l'*Aetna*, ce ne
peut être qu'une œuvre de jeunesse. Or, on ne peut pas
admettre qu'il n'ait absolument rien écrit avant les *Bucoliques* ; l'on sait d'ailleurs qu'il composa sûrement
un *Culex* et plusieurs pièces du recueil des *Catalecta* (1).
Cependant, d'après son témoignage, les *Bucoliques* seraient sa première œuvre. Phocas lui-même, oubliant qu'il
vient de lui attribuer un *Culex*, dit : *Pastores cecinit primos...* Mais sans doute ce fait tient à ce que Virgile, très
difficile pour lui-même, au point qu'il voulait détruire son
Enéide inachevée comme indigne de lui, jugeait mépri-
sables ses premiers essais et que le souvenir ne s'en est

---

(1) V. l'édit. de Neuhöfer, 1912 ; cf. *Atene e Roma* 1907, art. de
Sciava ; *Rivista di Filol.* XXXV, 1 et 3, art. de De Marchi et de
Nazari.

conservé que dans des compilations de Grammairiens. Ceux-ci, mal renseignés, ou désireux de paraître instruits, ont mêlé le vrai et le faux et nous ont laissé un recueil de poèmes *virgiliens* où il est aujourd'hui difficile de distinguer sans erreur ce qui est de Virgile et ce qui n'est pas de lui ; en tous cas, cela ne prouverait rien contre l'authenticité de l'*Aetna*.

Sénèque, dans la lettre citée plus haut, dit : *quem* (sc. *Aetnam*) *quominus Ouidius tractaret, nihil obstitit quod iam Virgilius impleuerat*. Le verbe *implere* n'a guère de sens s'il ne s'agit que des passages très courts des *Géorgiques* et de l'*Enéide* où est décrit l'Etna ; il s'entendrait à merveille, s'il s'agissait d'une œuvre de l'étendue et de la nature de la nôtre.

L'hypothèse d'une œuvre de jeunesse de Virgile se concilie très bien avec le caractère d'un poème où l'on sent la double influence de l'école de Lucrèce et de celle de Catulle. Virgile, qui prit la toge virile l'année même de la mort de Lucrèce, ne pouvait pas ne pas s'intéresser à l'œuvre de ce dernier. Pourquoi, tout jeune encore, ne s'en serait-il pas inspiré dans une œuvre de caractère philosophique et scientifique ? L'imitation de l'auteur du *De Natura rerum* y paraît évidente, ne serait-ce que dans le ton général du poème, dans l'enthousiasme qui s'y montre pour les recherches scientifiques et dans un grand nombre de traits descriptifs. La diction poétique montre également une grande connaissance et une longue étude de Lucrèce (1). Dans la circonstance, les ressemblances de pensée et de forme, très nombreuses et fort curieuses, de l'*Aetna* avec les *Géorgiques* et l'*Enéide*, ne prouvent pas que l'auteur de l'*Aetna* ait imité ces deux derniers poèmes. Nous pouvons bien admettre qu'un auteur profite de ses premiers essais et que Virgile, dans un âge plus avancé, ait repris ses propres pensées, ses propres expressions, ses propres tournures, en les corrigeant, les améliorant, leur donnant ce fini qui manque dans l'*Aetna*. D'autre part, ce dernier

(1) **Cf.** Carlo Pascal : *Graecia capta*, p. 133 : *Le fonti del poemetto « Aetna »*, Florence 1905.

poème n'échappe pas à l'influence de l'alexandrinisme tel
qu'il apparaît dans les *Noces de Thétis et de Pélée*. Certains vers n'ont-ils pas une allure tout à fait catullienne ?

> Seu te Cynthos habet seu Delo gratior Hyla........   5
> Desertam uacuo Minoida litore questus.............   22
> Taurus in Europen, in Ledam candidus ales.........   89
> Sub truce nunc parui ludentes Colchide nati........   594

et bien d'autres. De plus, dans une œuvre essentiellement
didactique, les digressions sur la Fable, même pour la
railler, sur la guerre des Géants, sur la légende des frères
pieux, rappellent plus d'une fois les procédés de l'école
de Catulle (1).

Virgile sans doute ne fut pas seul à subir cette double
influence ; mais il la subit réellement, ne serait-ce que
dans la VIe églogue, « contamination » d'un *De rerum
natura* extrêmement abrégé et d'un catalogue des thèmes
de la mythologie alexandrine. C'est une ressemblance de
plus entre lui et l'auteur de l'*Aetna*.

On ne peut pas tirer dans cette question un très grand
parti de l'étude des figures (2) et des observations de style
ou même de métrique ; une comparaison avec beaucoup
d'autres poètes en suggérerait d'analogues. Toutefois il est
bon de noter que dans sa jeunesse Virgile n'échappa pas à
la tendance des νεώτεροι, comme les appelle ironiquement
Cicéron, école à laquelle appartenait, comme on le sait,
l'auteur des *Dirae* (3), et qui s'efforçait de mettre à la mode
les phrases sèches et concises, formées d'expressions dures
et rangées sans aucun souci de l'art. C'est bien là un des
caractères de l'*Aetna*, en particulier dans les exposés scientifiques. Seulement il nous faut avouer que l'influence en
question ne se fait plus sentir dans les *Bucoliques*, qui ne
sont pas une œuvre de l'âge mur, et il nous est difficile de
déterminer jusqu'à quel point et combien de temps Virgile a subi cette influence.

(1) Sur cette question v. R. Pichon, *Journal des Savants*, mars
1911 : Les travaux récents sur l'*Appendix Vergiliana*.
(2) Elles ont été étudiées très minutieusement par Birt et Hildebrandt, *art. cités*.
(3) V. Ribbeck, *op. cit.* I, p. 308 ; cf. Alzinger, *Neue philol.
Rundsch.* 1900, n. 12, p. 274.

En tous cas le sujet pouvait lui plaire. Il s'intéressa très jeune aux études de philosophie, d'histoire naturelle, même de médecine et de mathématiques (1). De bonne, heure il dit adieu aux subtilités de la rhétorique et demanda à la philosophie une existence plus calme et plus heureuse :

> Ite hinc, inanes, ite, rhetorum ampullae,
> Nos ad beatos uela mittimus portus,
> Magni petentes docta dicta Sironis,
> Vitamque ab omni uindicamus cura, etc. (2).

Académicien par principe, il n'en accueillait pas moins des opinions fort diverses. Il empruntait aux Académiciens et aux Stoïciens des doctrines, qu'il aurait voulu pouvoir fondre ensemble. Il fut quelque temps à l'école de l'épicurien Siron et fit passer dans les *Géorgiques* plus d'une des théories de Lucrèce. L'auteur de l'*Aetna* n'appartient pas non plus à une école bien déterminée et dans son œuvre se rencontrent également des opinions fort diverses, en particulier un curieux mélange des doctrines d'Héraclite avec celles d'Epicure.

Faut-il conclure que Virgile est l'auteur de l'*Aetna* ? Nous n'avons point de preuve absolue que cela soit et il est probable que nous n'en aurons jamais ; mais c'est l'hypothèse qui me paraît la plus sérieuse et qui s'accorde le mieux avec les considérations exposées plus haut sur l'époque probable de la composition du poème. Dans l'affirmative, l'*Aetna* serait une œuvre de jeunesse, composée entre 50 et 44 av. J.-C., quand Virgile avait de 20 à 26 ans. Nous sommes là en face d'un poète inexpérimenté, maladroit, sans doute un débutant (3), essayant, comme le remarque Alzinger, de mettre en pratique des connaissances acquises par un travail pénible, luttant contre un sujet ingrat, soupirant parfois devant les difficultés de la tâche entreprise : *immensus labor* (v. 221). D'autre part

---

(1) Cartault, *ouvr. cité*, p. 9.; — Waltz, *les Bucoliques*, p. 8-9.
(2) *Catalecta*, VII.
(3) Pour Hildebrandt et Birt, au contraire, nous aurions affaire à un poète déjà formé depuis longtemps, un artiste en langage, sachant habilement mettre à profit toutes les ressources de la rhétorique et de la poétique ; v. *art. cités*.

Virgile commença des Bucoliques à 28 ans ; les églogues
II, III, V furent publiées en 42 et 41 (1) ; ce serait deux
ans au moins et huit ans au plus après l'*Aetna*. Est-il cro-
yable qu'un même auteur ait composé, à si peu d'inter-
valle, deux œuvres si différentes de fond et de forme ?
L'*Aetna* est rempli d'expressions bizarres, gauches, con-
tournées, étranges parfois au point d'être presque inintelligibles, de formes de phrase si extraordinaires qu'on
se demande si elles sont vraiment correctes ; plus d'une
fois nous sommes réduits à conjecturer ce que l'auteur a
voulu dire, faute de comprendre ce qu'il a dit ; cela n'arrive jamais dans les *Bucoliques* où ne se trouve pas un vers
qui ne se comprenne facilement, pas une phrase qui ne
soit conforme à ce que nous savons des règles de la syn-
taxe et les lois de la pensée. Mais à examiner la question
froidement nous avons affaire ici à une répugnance litté-
raire et subjective plutôt qu'à une objection véritable et
des impressions de cette espèce sont réfractaires à toute
controverse. Après tout, ainsi que le fait remarquer fort
justement M. Pichon (2), « entre 22 et 28 ans le tour d'esprit
peut se modifier, l'art se perfectionner, le génie éclore. De
l'*Aetna* aux *Bucoliques*, la distance est-elle plus grande
que de *Clitandre* au *Cid* ?... Au moins faut-il reconnaître
que l'auteur de l'*Aetna*, d'après tout ce que son ouvrage
nous révèle, s'est trouvé exactement dans les conditions
où était Virgile entre 50 et 42. Si ce n'est pas Virgile, il lui
ressemble comme un frère ; et il est bien probable que c'est
lui ».

LES SOURCES DU POÈME

Le rapport entre l'*Aetna* et l'œuvre de Sénèque est
indéniable ; depuis longtemps la chose a été signalée par
Wernsdorf, Jacob, Munro et d'autres ; de très nombreux
exemples en ont été rassemblés par Wagler et Dal Zotto
en particulier (3). Tels sont, pour n'en citer que quelques-

(1) Cartault, *ouvr. cité* p. 58 ; Waltz, *ouvr. cité*, p. 10.
(2) *Journal des Savants*, art. cité.
(3) V. aussi les notes de l'édition des *Naturales Quaestiones* de
A. Gercke (Leipzig, Teubner 1907).

uns, des plus intéressants : *Aetna* 74-91 et Sén. *ad Marc.* 19,
4 ; *de Breuit. u.* 16, 5 ; *de Vita b.* 26 ; *Ep.* 24, 18, sur les
mensonges des poètes ; — *Aetna* 136, 179, 191, 332, 449
sqq. et Sén. *De Benef.* I, 3, 10 ; *Nat. Quaest.* VI, 18, 5 ; 26,
3 ; II, 42, 1, etc., sur l'importance du témoignage des sens ;
— *Aetna* 367, 370, 512 et Sén. *De vita b.* 2, 2 ; *Nat. Quaest.*
I, prol. 15 ; *Epist.* XIV, 9, 11, sur la folie de la foule oppo-
sée à la placidité du sage ; — *Aetna* 231-247 et Sén. *Nat.
Quaest.* l. VII ; cf. VI, 3, 3-4 ; V, 2, 3-4, sur la passion de
l'astronomie ; — *Aetna* 259-263, 274 sqq. et Sén. *Ep.*
XCIV, 56-58, sur l'âpreté au gain ; — *Aetna* 569 sqq. et
Sén. *N. Q.*, V, 18, 6-7 ; *de Tranquill. an.* 2, 13 sqq ; *ad Helv.
de cons.* XVII, 2, 13, sur la folie des touristes qui dédai-
gnent l'Etna et vont par le monde chercher des spectacles moindres ; — *Aetna* 606 ad fin. et Sén. *de Benef.* III,
37, 2, légende des frères de Catane. Plus curieuses encore
sont les ressemblances dans les passages relatifs à l'ex-
plication des phénomènes de la nature, par ex. *Aetna*
173 sqq. et Sén. *ad Marc.* 26, 6 ; *cons. ad Polyb.* I, 2 ; *N.
Q.* III, 13 ; XXVIII, 7 ; XXIX, 5, sur la fin du monde ; —
Aetna 171-172 et Sén. *N. Q.* VI, 25, 1, sur les tremblements
de terre ; — *Aetna* 94-98, 105, 108-110, 117-118, 155-157,
248-285 et Sén. *N. Q.* III, 6, 4 ; 26, 3 ; V, 14, 1 ; VI, 24, 3,
sur les cavernes souterraines ; — *Aetna* 123-127 et Sén.
N. Q. III, 26, 3, sur les cours d'eaux souterrains. J'en passe
bien d'autres, sur la puissance des vents, sur la cause des
éruptions, sur la comparaison des effets du vent avec la
machine hydraulique, sur les substances qui alimentent
les feux de l'Etna.

A priori on pourrait en conclure que le poème est l'œu-
vre, sinon de Sénèque lui-même, d'un de ses disciples,
Lucilius Junior de préférence. La vérité est tout autre et
Sudhaus a pleinement démontré que l'auteur de l'*Aetna* et
Sénèque ont emprunté, directement ou indirectement, à
une source commune (1), Posidonius, leurs théories sur les

(1) Ribbeck, *op. cit.* III, p. 128, avait déjà cette opinion et
remarque que Strabon, chez qui nous lisons la légende des frères
de Catane, a beaucoup puisé dans Posidonius.

tremblements de terre et les éruptions volcaniques. A Posidonius, ainsi qu'à son disciple Asclépiodote, se rattachent
également les vers du préambule et l'épisode final, sans
compter de nombreux passages sur les mensonges des
poètes, la folie des foules, le néant des enfers, le témoignage des sens, la nature des astres, d'autres qu'il est
hors de propos d'énumérer ici.

D'ailleurs beaucoup de ces passages étaient devenus
après Posidonius des lieux communs, ne seraient-ce que
les railleries à l'adresse de la Fable que l'on retrouve dans
toute la littérature latine, depuis Cicéron jusqu'à saint
Augustin.

Sudhaus et après lui Ellis (1) signalent encore une source possible de l'*Aetna* : le livre faussement attribué à
Aristote (2) περὶ κόσμου. Il présente beaucoup de points
communs avec notre poème: l'amour des choses de la nature, l'opinion sur la Providence, les merveilles du ciel et
de la terre: astres, saisons, mers, fleuves, cavernes, pluies,
éclairs, vents, etc. (3).

On peut conclure que Sénèque ne fut pas nécessairement la source de l'*Aetna*. Il n'est d'ailleurs pas impos-
sible de reconnaître dans ce poème des préceptes de la
doctrine d'Epicure, repris, modifiés ou non, plus tard
par les néo-pythagoriciens Et ceci explique la très grande
ressemblance de l'*Aetna* avec Lucrèce (5) ; on pourrait
citer en particulier l'opinion sur les astres (*sidera*), c'est-

(1) V. *Aetna*, p. XC sqq. ; cette opinion se trouve déjà d'ailleurs
dans Wernsdorf (v. Lemaire P. L. M., III, p. 30) ; cf. Dal Zotto,
op. cit., p. 36 sqq. Beaucoup de théories du περὶ κόσμου sont identiques à celles de Posidonius.
(2) Carlo Pascal (*ouvr. cité*) note des ressemblances frappantes
entre les Μετεωρολογικά d'Aristote et l'*Aetna* dans quelques questions scientifiques d'importance secondaire.
(3) V. aussi le traité de Théophraste περὶ ῥύακος τοῦ ἐν Σικελίᾳ;
cf. Hildebrandt, *Griech. Stud.* 1894, p. 58 sq.
(4) Lucrèce lui-même a beaucoup de théories qui remontent à
Posidonius ; cf. Rusch, *De Posidonio Lucretii auctore*, Greifswald,
1882, p. 6 suiv.
(5) Pour les rapports avec Lucrèce, v. Carlo Pascal, *Le fonti del
poemetto* « Aetna », dans *Graecia capta*, Florence, 1905.

à-dire les dieux qui, semblables à ceux d'Horace (*Sat.* 1, 5, rqq.),

> subducto regnant sublimia caelo
> ... neque artificum curant spectare laborem (v.34-85),

les inventions des poètes au sujet de ces mêmes dieux, et, çà et là, beaucoup d'allusions à la morale d'Epicure et à ses conceptions de la divinité.

Malgré le petit nombre de fragments que nous possédons de Démocrite et d'Héraclite, nous en avons assez pour affirmer que l'auteur de l'*Aetna* s'en est inspiré. Dal Zotto en donne des exemples. Héraclite est même nommé et invoqué directement, d'un ton respectueux, aux vers 537-539. Je crois qu'on peut souscrire à la conclusion de Dal Zotto (1) : « Ergo Stoici (et aliqua ex parte Pythagorici) philosophiam moralem poetam docuerunt, Epicurus autem fundamentum doctrinae physicae praebuit (2). »

Dans un autre ordre d'idées, l'*Aetna* emprunte à divers manuels ou récits de voyageurs (3) analogues à celui que composa plus tard Pausanias, et ceci paraît surtout manifeste dans le passage sur les œuvres d'art grecques (vers 567 sqq.). D'ailleurs beaucoup de ces emprunts ne sont guère que des lieux communs ; la légende des frères Thébains se lit en particulier dans Hygin, celle d'Amphinomus et Anapias qui se trouvait déjà, semble-t-il, dans Posidonius, fut rapportée après lui par Lycurgue, Conon (4), Pausanias, Strabon.

Je ne considère pas comme sources du poème les divers passages d'auteurs grecs ou latins consacrés à l'Etna et aux légendes qui s'y rattachent : Encelade, Typhée,

---

(1) *De Aetna quaestiones.*
(2) Il est d'ailleurs bien connu qu'Epicure avait exposé non seulement ses propres théories, mais aussi celles d'autres philosophes et ajouté qu'on pouvait encore envisager de nouvelles hypothèses ; cf. Sen. *N. Q.* VI, 20.
(3) V. Gercke, dans la *Deutsche Literaturz.* 1899, n. 41, p. 1152-1155.
(4) Radermacher, *Rhein. Mus.* N. F. Bd. LII (1899) p. 626, note une ressemblance tout à fait extraordinaire entre Conon et l'*Aetna* dans la légende des Frères pieux ; cf. Wernsd.. *Exc.* VI.

forges de Vulcain, champs de Phlegra, etc. On en trouvera une liste, d'ailleurs fort incomplète, dans Wernsdorf.

De ce qui précède il ne résulte pas, — et la chose n'était
pas nécessaire dans une œuvre de ce genre, — que le poète
ait une grande originalité dans l'invention. Il ne se rattache même pas à une école bien déterminée, car si la
doctrine de Posidonius fait le fond du poème, il s'inspire
aussi d'Aristote, d'Epicure, d'Héraclite, de Démocrite,
de Diogène d'Apollonie, d'autres encore. Quant aux parties qui n'ont pas un caractère scientifique, comme la ti-
rade sur les voyages, sur la guerre des géants ou sur les
frères de Catane, elles sont reproduites plus ou moins
textuellement d'écrivains plus anciens ou bien elles appar-
tiennent à ce domaine poétique dont l'auteur affecte de
faire fi comme d'un chemin trop battu.

Cette dernière contradiction mérite d'être relevée.
L'œuvre est évidemment un essai de vulgarisation scientifique analogue au *De natura rerum*, aux *Phaenomena*
d'Aratus traduits par Cicéron, aux *Astronomiques* de
Manilius. Elle a ceci de commun avec les autres, surtout
avec le poème de Lucrèce, que l'auteur veut, lui aussi, paraître savant et dégagé des préjugés vulgaires, qu'il critique
amèrement les croyances populaires, traite de menteurs les
poètes qui s'en inspirent ou les répandent et s'assigne la
noble tâche de ne dire que le vrai (*in uero mihi cura*) et
de délivrer les esprits des craintes superstitieuses. Puis,
sans qu'il paraisse s'en rendre compte, il oublie de temps
en temps le but grave qu'il poursuit et le caractère aus-
tère qu'il entend donner à son œuvre pour tomber dans
des digressions inspirées par la plus pure mythologie ; il
énumère comme à plaisir ces fables mensongères qu'il
reproche aux autres et insère au milieu de ses démons-
trations savantes des épisodes merveilleux auxquels il
prête l'appui de son talent poétique. Il s'en faut de beaucoup qu'il soit aussi convaincu qu'il voudrait le paraître ;
il implore le secours d'Apollon, décrit le combat des géants
et des dieux, raille les supplices infernaux et retrace le
miracle des Frères pieux d'un ton tantôt moqueur, tan-

tôt sérieux (1). Aussi nous est-il difficile de juger si, oui
ou non, nous avons à voir en lui un philosophe convaincu ou un incroyant. Du reste aucune des théories qu'il
expose ne lui est personnelle ; il se borne à versifier des
doctrines connues. Malgré son étalage d'érudition et son
désir de paraître en pleine possession de son sujet, il lui
arrive plus d'une fois, par exemple quand il examine la
manière dont s'est formé l'univers, de soumettre à son
lecteur plusieurs théories différentes, sans indiquer celle
qui lui paraît la mieux fondée. Il laisse au lecteur le soin
de conclure. Dans les questions de théorie pure, il reste
indécis ; il n'est dogmatique que là où il expose des faits
qu'il a pu observer lui-même et que son lecteur peut con-
trôler. Ceci est très caractéristique. Il en appelle volon-
tiers au témoignage des sens. Il veut qu'on ne croie que
ce qui peut se démontrer, se voir, se sentir, se toucher :
le théoricien disparaît devant l'observateur. Le contenu
de l'œuvre n'a donc rien d'original. Si le poème offre quelque originalité, elle est dans le sentiment qui l'inspire
et dans le but auquel il tend. Elle est aussi dans l'art de
la composition et dans la méthode rigoureuse que suit
l'auteur sans jamais s'en départir. Car si l'exposé des
causes et des effets des éruptions volcaniques est souvent
interrompu par des digressions de toute nature, le plan
d'ensemble est, néanmoins, si net et si régulier qu'il a
parfois la sécheresse et la force de déduction d'un raisonnement mathématique. Il suffit de le lire pour s'en con-
vaincre et c'est là une très grande qualité.

LES SOURCES DU TEXTE

Les sources manuscrites de l'*Aetna* sont nombreuses,
mais de valeur fort inégale. Elles se répartissent en cinq
groupes.

Au premier rang se placent le *Cantabrigiensis* (C) et
le *Stabulense fragmentum* (S).

(1) Sur le caractère du poème, v. Plessis, *La poésie latine*, Paris,
Klincksieck 1909, p. 261 suiv. : « Ainsi, après avoir débuté par un
anathème aux fantaisies mythologiques, il termine par une
légende où Pluton joue un rôle. »

Le premier, qui appartient à la Biblio-
Le Codex
Cantabrigiensis (C.) thèque de l'Université de Cambridge
(Kk v 34), servit de base à l'édition de
Munro (1867) et à celles d'Ellis (1900, dans le *Corpus* de
Postgate, et 1901, édit. séparée). Cependant il n'était pas
inconnu avant Munro. Il avait appartenu à l'évêque
d'Ely, J. Moore, et en 1710 J. Davies (ad Cicer., *de nat.
deor.* II, 425), qui le désigne sous le nom de Codex
Eliensis en avait envoyé une copie à J. Leclerc (1) qui
préparait une nouvelle édition de son *Aetna* ; Leclerc
n'utilisa d'ailleurs pas le travail de Davies. Un exem-
plaire des *Epigrammata et poematia uetera* de Pithou
(Genevae, apud Jacob. Chouet 1619), qui se trouve à la
Bibliothèque de Leyde, renferme une autre copie, de la
main de Davies, des vers 1-559 (2), et enfin nous avons,
transcrits par ce même Davies, les vers 500 ad fin. dans
le ms d'Orville x, 1, 1, 18 (3) qui se trouve à la Bodléienne. Ce codex Eliensis fut encore connu de Was-
senberg (4), puis examiné en 1842 par Th. Oehler (5) et
signalé comme une source de valeur par Fr. Ritschl (6)
et M. Haupt (7).

L'origine nous en est inconnue. Ellis remarque qu'il
a dû être copié sur un original très corrompu. Bradshaw,
qui était bibliothécaire à Cambridge en 1867, estime qu'il
aurait été écrit en Angleterre vers la fin du Xe siècle ;
Munro le croit plus ancien (8). Il est fort bien conservé et
partout très lisible (9), mais il n'est pas libre de toute
interpolation (10).

(1) Hoeven, *de J. Clerici dissert. duae*, p. 155 (1842).
(2) Alzinger, *Blätter f. das Gymnasialschulwesen* XXXV (1899),
p. 39 sqq. : *Neues handschriftliches Material zur Aetna.*
(3) Ellis, *Aetna*, p. LIII.
(4) Suringar, *Spicilegia critica in Aetnam* (1804), p. 13.
(5) S(chneidewin), *Gött. gel. Anz.* Bd II, p. 1042 (1855).
(6) *Rhein. Mus.* I (1842), p. 136 ; cf. *Opusc. philol.* vol. III,
p. 840-841.
(7) *Quaestiones Catull.* : Opusc. vol. I. p. 40 sqq.
(8) *Aetna*, p. 29.
(9) Sur ce ms v. les édit. de Munro, p. 25 sq., Ellis, p. LIII sqq. ;
cf. Alzinger, *op. cit.*
(10) V. Wagler, *De Aetna poemate quaestiones criticae*, 1884.

J'en ai utilisé une reproduction photographique dans l'établissement du présent texte.

Le Fragmentum Stabulense (S). Les leçons de C sont reproduites presque textuellement dans le fragment dit de Stavelot, de l'ancienne abbaye de Stavelot en Belgique, aujourd'hui conservé à la bibliothèque nationale de Paris (17.177 fol. 98 et 100), qui contient les vers 1-344. Découvert en 1852 par Polain, membre de l'Académie royale de Belgique, il fut communiqué à son collègue Bormans qui en collationna les 168 premiers vers et lui consacra un long article rempli de remarques verbeuses et hérissé de conjectures hasardeuses dans les *Bulletins de l'Académie royale de Belgique* (t. XXI, 2e partie, p. 258-379, 1854).

Ce ms paraît être du xie siècle ; il est l'œuvre d'un copiste négligent et ignorant et a été très maltraité par les ans. Dans le cod. 17.177, le fol. 100 qui renferme sur deux colonnes au recto comme au verso les vers 1-170 est seul complet et très lisible ; le fol. 98 dont le bord de gauche ainsi que le bas ont été coupés donne : *a*) au verso, dans la première colonne, les vers 171-212 auxquels il manque le commencement (environ un quart), dans la deuxième colonne les vers 214-256 ; *b*) au recto les vers 258-300, très bien conservés et très lisibles (première colonne) et les vers 302-344 également très lisibles, mais dont la fin est coupée (deuxième colonne). Les vers 171-256 (verso du fol. 98) sont en grande partie indéchiffrables en raison de la manière dont le feuillet a été arraché de la couverture de bois sur laquelle il était collé, et l'incohérence du numérotage précédent tient à la façon dont les deux feuillets ont été encartés dans le cod. 17.177.

La valeur de ce fragment a été fort discutée; en fait, il concorde presque toujours avec C, mais donne quelquefois des leçons meilleures. En faisant abstraction des erreurs dues à l'inexpérience ou à l'ignorance du copiste de S, il semble bien que nous devons considérer les deux

manuscrits comme issus du même archétype et les mettre
sur le même rang (1).

**Le Codex Gy-
raldinus (G.).** Je ne place qu'en seconde ligne le
fameux Codex dit *Gyraldinus* (alias
Florentinus, Mediceus, Lucensis), qui
a été l'objet de tant de discussions passionnées et que
beaucoup d'érudits, Baehrens et Wagler en particulier,
considèrent comme dégagé de toute interpolation et
infiniment supérieur à tous les autres. Il s'agit d'un très
ancien manuscrit, aujourd'hui perdu, contenant, avec
l'*Aetna*, Claudien, dont Lilio Giraldi (*Hist. poet.*, IV, p. 372,
Bâle 1545) aurait tiré vers l'an 1500 une copie de l'*Aetna*.
Cette copie est également perdue, mais les leçons ont été
conservées en partie (vers 138-245) en marge d'un exem-
plaire des *Epigrammata et poematia uetera* de Pithou
(1590) qui aurait appartenu à Heinsius et serait parve-
nu en dernier lieu aux mains de Burmann le Jeune (2);
ces leçons, mêlées d'ailleurs, il semble, de conjectures
personnelles d'Heinsius, furent publiées à deux reprises :
1º par Cramer dans les *Acta Societatis Latinae Ienensis*,
t. V (1756), p. 3-6 ; 2º par Matthiae dans la *Neue Bibliothek
der schönen Wissenschaften und der freyen Künste*,
t. LIX (1797), p. 311-327. Sans doute, et on pourra en juger par l'apparat, certaines de ces leçons sont excellentes
et donnent un sens en des passages désespérés. La chose
n'aurait rien d'étonnant s'il était vrai, comme le croit
Wagler, que le codex original était du VIIIe siècle (3).
Mais la plupart du temps, quand on confronte G et C,
on peut difficilement admettre que G a toujours raison
contre C : on a l'impression d'être en présence de conjectures et de corrections ingénieuses dues à quelque habile

(1) Sur le *Fragm. Stab.* v., outre Bormans, *op. cit.*, Hildebrandt,
Philologus, Bd LVI (1897) : *Zur Ueberlieferung des Aetna, in fine* ;
Wagler, *op. cit.*, qui lui refuse toute valeur propre à côté de C ;
Ellis, *Prolegomena* de son édition (1901) et *Further suggestions on
the « Aetna »*, Journ. of. Philol. XXIII, 45, p. 5-18.

(2) V. Alzinger, *Neues handschriftl...*, etc.

(3) V. Wagler, *op. cit.*

critique versé dans les erreurs des copistes et combinant avec des émendations de son propre cru les leçons d'un codex indépendant (v. en particulier v. 161). L'authenticité de G, dont se défiait déjà Wernsdorf, est tellement problématique qu'on ne peut guère avoir en lui la confiance aveugle que lui ont témoignée Wagler, Baehrens et Sudhaus entre autres. Jacob et Munro en avaient déjà accueilli certaines leçons ; il ne faut, suivant le conseil d'Ellis, n'y recourir qu'avec une extrême prudence (1).

Le Codex Laurentianus. Un fragment de seize vers (270-285 = les seize derniers vers de G), conservé dans un ms de la Laurentienne (33-9), présente des variantes identiques avec celles de G (2) et semble avoir la même origine, par suite la même valeur discutable.

Les divers Excerpta. Je mets au troisième rang, pour l'établissement du texte, divers *Excerpta* :

1o les *Exc. Parisina* 7647 du xiie-xiiie siècle.

2o les *Exc. Parisina* 17.903 du xiiie siècle.

3o les *Exc. Escorialensia.* Q. I, 14 du xiiie-xive siècle.

J'ai collationné moi-même à Paris les deux premiers et relevé les variantes des *Esc.* dans l'édition d'Ellis et dans son article du *Journal of Philology,* XXII, 44, p. 313 et suiv.

(1) La « praestantia » de G est surtout défendue par Wagler, *op. cit.* Sur toute cette question, d'ailleurs fort obscure et qui a donné lieu à des discussions passionnées, on peut, outre Wagler, consulter : Baehrens, *Poet. Lat. m.* II, p. 6 et 21 ; Sudhaus, *Aetna,* p. 5 et 94, (cf. *Gött. gel. Anz.* 1903. p. 530 ; *Rhein. Mus.* N. F. LX, 4, p. 574) qui en sont de fervents défenseurs ; — Hildebrandt, *art. cité* (cf. *Philol.* LXVI, 4) qui recommande la prudence ; — Ellis, pass. cités (cf. *Journ. of. Phil.* XVI, p. 292) ; Alzinger, *Der Wert des Cod. Gyraldinus* dans *Neue Jahrbb. f. kl. Phil.* 153, 12 (cf. art. cité: *Neues handschriftl.* etc.), qui l'attaquent ou s'en défient. V. aussi Jeep, préface de son Claudien, p. xxx sqq. ; Maehly, *Beiträge,* etc.

(2) V. le Claudien de Birt, p. lxxxiv suiv. ; Ellis, *Aetna* proleg. p. lxx.

Ces trois recueils auxquels se joignent deux autres que
je n'ai pas utilisés : Berol. lat. Diez B 60 et Harleian. 2745,
tous deux du xive s., représentent un florilège du xie s. (1)
et contiennent seulement, souvent incomplets ou trans-
posés, les vers 221-224, 227-228, 230-234, 235-249, 256,
257-258, 277, 275-276, 259-267, 631-632. Ils concordent
généralement avec CS ; quand ils offrent des leçons meilleures, il semble bien que nous ayons à faire à des conjectures. Dautre part ils sont d'accord avec G contre C dans
sept passages : seraient-ils originaires d'une source commune dont nous n'aurions plus connaissance ? La question est bien insoluble.

L'Helmstadtiensis, l'Arun- Un quatrième groupe com-
delianus, le Rehdigera- prend trois manuscrits du xve
nus, le Vaticanus. siècle qui semblent avoir une
origine commune, quoiqu'ils
soient de valeur inégale. Ils fourmillent d'ailleurs de non
sens, de barbarismes et de corrections ineptes. Ce sont :

1) l'*Helmstadtiensis* 332 (H), alias *Guelferbytanus*, aujourd'hui à Wolfenbüttel, le moins mauvais des trois ; il
renferme de nombreuses corrections marginales de première et de seconde main, quelques-unes tirées, semble-
t-il, d'un autre manuscrit auquel sont empruntés des vers
entiers, d'autres dues à l'intelligence du correcteur qui
n'a pas toujours mal réussi dans sa tâche. C'est ce manuscrit qui a servi de base à la plupart des éditions antérieures
à celles de Munro. Baehrens lui-même le juge « inter Ita-
licos (?) certe eminens ».

2o l'*Arundelianus* 133 (A), au musée britannique, mis
à profit par Munro et Ellis, ainsi que le suivant.

3o le *Rehdigeranus* 125 (R), alias *Vratislauiensis*, à Breslau, assigné à tort par Jacob, qui l'utilisa, au xiiie ou au
xive siècle.

Un quatrième manuscrit du xve s., le *Vaticanus* 3272
(V) collationné par Ellis, renferme les vers 1-432 et fournit
quelques leçons, différentes de HAR, qui paraissent remonter à une source ancienne.

(1) V. Vollmer, *Sitz.-Ber. der bayer. Akad.* 1907, III, p. 339 sqq.

Les codices deteriores. Des manuscrits que je place en
dernière ligne, je ne parle que
pour mémoire. Bien que çà et là ils suggèrent quelques
corrections heureuses, ils sont tous fortement interpolés.
Tels sont : le *Rehdigeranus* 60, à Breslau qu'Haupt croit
transcrit d'une édition imprimée, mais qui a suggéré à
Ellis une conjecture plausible (*plebeis* v. 600), le *Pompo-
nianus* 3255, à la Vaticane, collationné par Dal Zotto, le
Sloanianus 777, au musée britannique, collationné en
partie par Ellis ; le *Neapolitanus Musei* 207, à Naples;
un *Chigianus* à la Bibliothèque du palais Chigi à Rome,
le *Corsinianus* 43 F III, 21, à Naples (1).

ÉDITIONS. — TRADUCTIONS.

I : *Principales éditions jusqu'au* xixe *siècle* :
Avec Virgile, Rome 1471 (per Conr. et Arn. Teutonicos,
— *editio princeps altera* ; la première. 1467 ou
1469, ne contient pas l'*Aetna*).
— Venise 1475 (per Nic. Jenson).
— Venise 1475 (per Jac. Rubeum).
Dans les *Carmina minora* de Virgile, Venise 1517 (*Aldine*;
première édition séparée des *Carmina* ;
2e édit. 1534).
Avec Virgile, Paris 1500 (apud Ioannem Paruum ; première édition *ascensiana*, suivie de beaucoup d'autres 1505, 1507, 1515, etc.).
— Lyon 1547 (apud Seb. Gryphium).
Dans l'*Appendix Virgiliana* de Scaliger, Lyon 1572, qui
reparut souvent, en particulier sous le nouveau titre de *Catalecta* Virgilii et aliorum
poetarum, Leyde 1613 (avec notes de Lindenbruch).
Dans les *Epigrammata et poematia vetera* de Pithou, Paris
1590.

(1) Aux sources qui précèdent on peut rattacher un certain
nombre de variantes qui se lisent dans le Ms. d'Orville, X, I, 6, 6,
de la Bodléienne, écrit dans la première moitié du xviiie siècle. Ce
sont des « Notae et emendationes Petri Pithoei » qui paraissent
avoir de la valeur dans certains passages corrompus (V. Ellis.
Aetna, p. lxxxiv ; *Class. Review*, 1900, 2, pp. 123-125).

Edition séparée de Le Clerc (Theodorus Gorallus), Amsterdam 1703 (avec les notes de Scaliger et Lindenbruch).

Dans le *Corpus* Poetarum Latinorum de Milan, 1731 (avec traduction italienne en vers de C. N. Stampa).

Edition séparée d'Accarias de Sérionne, Paris, 1736 (avec traduction française).

—   de C. A. Schmid, Brunswick 1769 (avec traduction allemande).

Dans les *Poetae Latini minores* de Wernsdorf, Altenburg, 1785.

II. *Editions du* xixe *et du* xxe *siècles.*

Edition de J. H. F. Meineke, Quedlinbourg, 1818 (avec traduction allemande en vers).

—   F. Jacob, Leipzig, 1826 (avec traduction en vers et notes de Scaliger et Lindenbruch).

—   Delutho, Paris, 1841 (avec traduction française).

—   Jacquot avec traduction française, Paris 1842 (Collection Nisard).

—   Chenu avec traduction française, Paris, 1845 (Collection Panckoucke).

—   Munro : *Aetna revised, emended and explained,* Cambridge, 1867.

—   M. Haupt, dans son *Appendix Vergiliana,* Leipzig, 1873.

—   Baehrens dans ses *Poetae Latini minores,* t. II : *Appendix Vergiliana,* Leipzig, 1880 : édit. remaniée par F. Vollmer, Leipzig, 1910 : *Poetae Latini minores,* vol. I, *Appendix Vergiliana.*

—   Sudhaus, *Aetna erklärt,* Leipzig, 1898.

—   R. Ellis ; 1° dans le *Corpus* de Postgate, Londres, 1900 ; 2° : Aetna, *a critical recension of the text... with prolegomena, translation,* etc., Oxford, 1901.

—   Vessereau : *Aetna,* texte latin publié avec traduction et commentaire, Paris, 1905.

—   Lenchantin de Gubernatis : *Aetna carmen Vergilio adscriptum recensuit et interpretatus est* L de G., Turin, 1911.

L'ETNA

SIGLA

C = Cantabrigiensis biblioth. publ. Kk V 34 n. 2076 saec. x.

S = Stabulense fragmentum biblioth. nat. Paris. 17.177 fol. 98 et 100 saec. xi.

G = lectiones uulgo dictae Gyraldinae (1), saeculo xvi exscriptae a Lilio Gyraldi e codice nunc deperdito incertae aetatis.

L = Laurentianus plut. 33, 9, uu. tantum 272-287 continens cum lectionibus Cod. G congruentes, saec. xv.

P = Excerpta Parisina cod. 7647 biblioth. nat. Paris. saec. xii-xiii.

p = Excerpta Parisina cod. 17.903 biblioth. nat. Paris. saec. xiii.

E = Excerpta Escorialensia cod. Q. I 14 bibl. Escorial. saec. xiii-xiv.

H = Helmstadtiensis 332 *alias* Guelferbytanus ⎫
A = Arundelianus 133 musei Britannici   ⎬ saec.
R = Rehdigeranus 125 *alias* Vratislauiensis   ⎪ xv.
V = Vaticanus 3272 uu. 1-432 continens   ⎭

ω = consensus Codicum supra dict. exceptis qui aliter notantur.

---

(1) Vbi locus est, notantur lectiones uariae Cod. G ita:
   a) *Ed. Ien.*, quae seruantur in *Acta Societatis lat.Ienensis* (1756).
   b) *Matthiae*, quae seruantur in *Neue Biblioth. der schön . Wissensch. und der fr. Künste* (1797).

dett. = deteriores, scilicet :

   Sl. = Sloanianus 777 musei Britann. saec. xv.

      Pomponianus 3255 bibl. Vatic.

      Neapolitanus musei 207 bibl. Neapol.

      Rehdigeranus 60 bibl. Vratislau.   saec.

      Corsinianus 43 F iii 21 bibl. Neapol.   xvi.

      Chigianus in aedibus Chigi Romae.

codd. = consensus omnium codicum.

Exc. Pith. = Excerpta Pithoeana in ms. d'Orville 195 =
   Auct. x, 1, 6, 6 in Bodl. saec. xviii.

L'ETNA

I. But du poème : chanter l'Etna et les causes de ses éruptions. Invocation à Apollon.

L'Etna, les feux qui jaillissent de ses profondes fournaises, les causes assez puissantes pour lancer en tourbillons ses masses embrasées, les raisons qui le font gronder contre toute soumission et rouler avec un bruit sourd ses flots brûlants, tel sera le sujet de mon poème.

Puisses-tu venir à mon aide, ô toi, l'auteur de toute
5 poésie, dieu de Cynthos, ou dieu d'Hyla, si Hyla te plaît mieux que Délos, ou dieu de Dodone (1), si tu préfères Dodone ; puissent à ta suite, favorables à mes desseins, accourir du mont Piérus les neuf sœurs ! Mon but est nouveau, et sur une route peu fréquentée, avec Phébus pour guide, la marche est plus sûre.

Opposition entre les lieux communs
10 *préférés des poètes et les soucis plus nobles de l'auteur.*

Qui donc ignore les siècles exempts de souci du roi de l'âge d'or ? ces siècles où personne ne domptait les campagnes en y jetant les semences de Cérès, où personne ne chassait des moissons prêtes à venir les herbes nuisibles ; mais où chaque année d'abondantes récol-

---

(1) Les sanctuaires d'Apollon à Délos, Hyla, Dodone, sont rangés, il semble, par ordre d'importance. Nous n'avons sur celui de Dodone aucun témoignage formel de l'antiquité et plusieurs érudits ont cru devoir changer diversement le texte pour lui en substituer un autre plus connu : celui de Colophon, en Lydie, celui de Daphné près d'Antioche en Syrie, par exemple. Mais Stace qui est, comme l'auteur de l'*Aetna*, un poète érudit, fait allusion à un temple d'Apollon à Dodone en deux passages: *Theb.*, III, 104-108, où Dodone est nommée à côté de Cirrha, et 195 suiv., où ce temple fait partie, avec celui d'Hammon, d'une longue énumération des sanc-

AETNA

Aetna mihi ruptique cauis fornacibus ignes
et quae tam fortes uoluant incendia causae,
quid fremat imperium, quid raucos torqueat aestus,
carmen erit.

      Dexter uenias mihi, carminis auctor,
seu te Cynthos habet, seu Delo gratior Hyla,   5
seu Dodona *tibi potior, tecumque fauentes
in noua Pierio properent a fonte sorores
uota : per insolitum Phoebo duce tutius itur.

Aurea securi quis nescit saecula regis ?
cum domitis nemo Cererem iactaret in aruis   10
uenturisque malas prohiberet fructibus herbas,

.P. VIRGILII MARONIS AETHNA INCIPIT. C P. MARON VIRG. AETHNA
[in margine altera manu Lucilius Junior] S de etna monte H
P. Virgilii Maronis Aethna A ; P. Maronis Virgi. Aethna incipit R ‖
1 Aetna : Aethna [sic ubique] CS Etna [sic ubique] H ‖ ruptique
CSAR : -isque H ‖ fornacibus C : -icibus [a super i addita] S ‖
3 quid raucos C : qd [uirgula super i posita] r- S ‖ aestus : estus CS ‖
5-6 eo ordine CS inuerso tradunt HARV ‖ 5 Delo Sudhaus : delos
[dolos S] ω ‖ gratior C : -cior S ‖ Hyla Munro : ila C illa SAR om.
H ‖ 6 Dodona tibi nos : tibi dodona CS t - dobona H do dodona R
dodone dett. Ald. 1517 ‖ potior C : pocior S ‖ fauentes CS : -is
HAR ‖ 7 properent ω :.-ant H ‖ 8 tutius CS : -cius H cautius AR ‖
9 quis nescit dett. : qui nescit [quinescit S] CSHAR ‖ saecula C :
sec- S ‖ 10 iactaret AR : -it H lactaret CS ‖ 11 uenturisque : que
om. C ‖ malas dett. Ald. 1517 : malis CSHAR ‖ fructibus [ex fluc-
tibus corr.] H² : fluc-CSH frondibus AR frugibus dett. ‖

tes remplissaient les greniers, où Bacchus faisait lui-
même couler le vin sous son propre pied, où des feuilles
des arbres découlait lentement le miel et de la grasse
olive la liqueur de Pallas, où des flots d'un liquide mer-
15 veilleux s'élançaient à travers une campagne pleine de
charmes. Non, personne n'a pu se flatter de mieux connaître sa propre époque.

Est-il un de nos poètes qui n'ait chanté la Colchide
au bout du monde, avec ses combats de jeunes héros ? qui
n'ait pleuré Pergame dressée sur le bûcher qu'allumèrent
les Argolides, cette mère (1) dont les fils eurent une mort
lamentable, le soleil détournant son visage en plein jour,
20 ou ces dents, semence nouvelle que reçut le sol ? En est-il
un qui n'ait gémi sur cette poupe menteuse où se tenait
un parjure, qui n'ait plaint la fille de Minos abandonnée
sur un rivage désert, bref, qui n'ait pas traité tous ces
vieux thèmes devenus la fable du peuple ?

Nous sommes plus courageux : notre esprit entreprend
une tâche d'un genre inconnu. Quels mouvements agi-
25 tent l'immense montagne, quelle cause pousse perpétuellement les flammes à se développer dans des corps com-
pacts, chasse des profondeurs, avec un fracas énorme, de
pareilles masses et brûle tout ce qui est dans leur voi-
sinage sous des torrents de feu, voilà la pensée de mon
poème.

tuaires que fera fermer la mort d'Amphiaraüs, cause d'une douleur
éternelle pour Phébus. On sait d'ailleurs par Eschyle (*Eumen.*,
17-19) et Callimaque (*H. à Apoll.*, 29) que Phébus était le porte-
parole de Jupiter (προφήτης ou ὑποφήτης) et il est très naturel par
suite qu'il ait eu des sanctuaires communs avec Apollon. — Celui
de Délos est désigné par le nom de la montagne sainte, le Cynthos,
où virent le jour Apollon et Diane ; Hyla (Hylé) était près d'un
promontoire de l'île de Chypre ; Dodone en Epire avait le plus
ancien et le plus célèbre des oracles de Jupiter.

(1) S'agit-il de Médée égorgeant les enfants qu'elle avait eus de
Jason, de Niobé dont Latone fit tuer les sept fils et les sept filles
à coup de flèches par Apollon et Diane, de Jocaste dont les deux
fils, Etéocle et Polynice, périrent de la main l'un de l'autre dans un
combat singulier et dont les deux filles, Antigone et Ismène, furent
condamnées à mort par Créon ? La phrase manque de précision.
La mention de l'incendie de Troie pourrait faire penser à Hécube,

annua sed saturae complerent horrea messes,
ipse suo flueret Bacchus pede mellaque lentis
penderent foliis et pingui Pallas oliua,
secretos amnis ageret tum gratia ruris.　　　　15
　　Non cessit cuiquam melius sua tempora nosse.
　　Vltima quis tacuit iuuenum certamina Colchos ?
Quis non Argolico defleuit Pergamon igni
inpositam et tristi natorum funere matrem ?
Auersumue diem sparsumue in semine dentem ?　　20
Quis non periurae doluit mendacia puppis,
desertam uacuo Minoida litore questus,
quicquid et antiquum iactata est fabula carmen ?

　　Fortius ignotas molimur pectore curas :
qui tanto motus operi, quae *causa* perennis　　25
explicet in densum flammas et trudat ab imo
ingenti sonitu moles et proxima quaeque
ignibus irriguis urat, mens carminis haec est.

---

12 saturae CSHAR: sacrae *dett.* ‖ **13** flueret : -ent S ‖ Bacchus :
bachus SH ‖ mellaque : meliaque S ‖ **14** penderent CSH : -et
AR ‖ pingui : pigui H ‖ oliua AR [*cf. P. Rasi in Bollet. di Filol.
class.* xx, 11, p. 254] : -ae CS -e H ‖ **15** tum CSAR : cum H *dett.* ‖
gratia : grã S ‖ **16** non cessit : concessit S ‖ nosse : nosce H ‖
17 *post hunc uers. trai. Baehrens u. qui est* 20 *in codd.* ‖ **18** *post
hunc u. lacunam unius uersus, quam sugg. Jacob, pos. Munro* ‖
19 inpositam C : ipos -[n *super* ip *addita*] S ‖ matrem H² AR :
mentem C mtcm S ‖ **20** auersumue CS : adu- HAR ‖ **22** minoida
CS: minoyda *ex* minorda *corr.* H² ‖ litore C : litt- S ‖ **23** *ex duobus
conflatum putauit Munro* ‖ quidquid et *Sudhaus:* quicquid [s *et
superscr.*] in C quicquid et in S quidquid in HAR **24** molimur ω:
moll-H ‖ **25** qui tanto CSH : quis tantos H²AR‖ operi CS: operit
H reperit AR ‖ quae causa perennis *dett.* : quae tanta perenni
[-henni H] CSH quis tanta perenni [-hemni R] AR‖ *post hunc u.
lacunam unius uersus pos. Munro* ‖ **26** et trudat CS : etrudat H.
ext- AR et rudat V ‖ **27** moles et CS: mollescent HAR ‖ **28** *uerba
carminis haec est desunt in* S ‖

Légendes menson-
Tout d'abord que personne ne se
30 *gères relatives à* laisse prendre aux fictions trompeu-
l'Etna. ses des poètes. Là se trouvent, disent-
ils, le séjour d'un Dieu (1) ; de ces gouffres trop pleins
déborde le feu de Vulcain et dans ces cavernes closes
retentit le bruit de ses actifs travaux. Non, les divinités
n'ont pas de soucis aussi vulgaires ; nous n'avons pas le
droit de les ravaler aux derniers des métiers. C'est à l'é-
cart des hommes que règnent les dieux, là-haut, dans le
35 ciel, et ils ne se soucient pas de se livrer à des travaux
d'artisans.

Voici une autre invention des poètes, différente de la
première. Ces fournaises, racontent-ils, sont celles qui servaient aux Cyclopes lorsque, frappant en cadence sur l'en-
clume d'un bras vigoureux, ils forgeaient la foudre redoutable de leurs énormes et pesants marteaux et fabri-
40 quaient des armes à Jupiter : légende méprisable et sans
garantie !

Autre fiction : une légende impie veut que les feux
éternels du sommet de l'Etna soient mis en mouvement
par les combattants du camp de Phlégra (2).

Les géants tentèrent jadis, ô horreur ! de chasser les
dieux de la voûte céleste, de faire prisonnier Jupiter, de
45 transmettre son empire à un autre et d'imposer des lois
au ciel vaincu. Ces monstres ont l'aspect normal jusqu'au
ventre ; au-dessous ce sont des serpents couverts d'écailles
qui se replient dans une marche tortueuse.

femme de Priam, qui vit mourir presque tous ses enfants pendant
la guerre de Troie ; sa fille Polyxène fut même massacrée sous ses
yeux ainsi que, suivant une tradition, son petit-fils Astyanax.
Devant le sacrifice de Polyxène, immolée sur le tombeau d'Achille
(cf. Catulle, *Carm.* LXIV, 363 suiv.), elle versa tant de larmes
et poussa tant de hurlements qu'elle fut changée en chienne
(v. Ovide, *Mét.*, XIII, 399 et suiv.).

(1) Virgile place le séjour et les ateliers de Vulcain dans l'île
Lipari, l'une des îles dites *Vulcaniae* ou *Aeoliae* (aujourd'hui îles
Lipari ou Eoliennes, au N. de la Sicile (*Enéide*, VIII, 406 suiv. :
Vulcani domus...).

(2) Phlegra (Φλέγρα ou Φλέγραι. de φλέγω, allumer, brûler) est
l'ancien nom de la péninsule Pallène en Macédoine, entre le golfe

Principio ne quem capiat fallacia uatum
sedes esse dei tumidisque e faucibus ignem   30
Vulcani ruere et clausis resonare cauernis
festinantis opus : non est tam sordida diuis
cura neque extremas ius est demittere in artes
sidera ; subducto regnant sublimia caelo
illa neque artificum curant tractare laborem.   35

Discrepat a prima facies haec altera uatum :
illis Cyclopas memorant fornacibus usos
cum super incudem numerosa in uerbera fortes
horrendum magno quaterent sub pondere fulmen
armarentque Iouem : turpe est sine pignore carmen.   40

Proxima uiuaces Aetnaei uerticis ignes
impia sollicitat Phlegraeis fabula castris.
Temptauere — nefas — olim detrudere mundo
sidera captiuique Iouis transferre gigantes
imperium et uicto leges inponere caelo.   45
His natura sua est aluo tenus ; ima per orbes
squameus intortos sinuat uestigia serpens.

29 capiat : - et H ‖ **30** tumidisque C : que *om.* S ‖ faucibus :
facibus H ‖ **32** non est tam : n̄ ē tā *vix legi possunt in* S ‖ **33** extremas ius [...as ius *aegerrime leguntur in* S]CS : extrema uis HAR ‖
demittere AR : dim- CSH ‖ artes CSH : arces AR ‖ **34** subducto
CSA : sed- HR ‖ **36** discrepat a C : discrepata S ‖ **37** usos : usus
H ‖ **38** fortes *dett.*: fontes CSR fortes *ex* fontes *corr.* A ‖ **39** fulmen H²ARV : flumen CSH ‖ **40** armarentque : armare *ceteris*
litt. ut uidetur erasis S ‖ **41** uiuaces S : uiuoces [a *super* o *addita*]
C ‖ **42** sollicitat CS : -et HAR ‖ phlegraeis : fleg- CS ‖ **43** nefas :
nephas H ‖ **45** inponere : imp- SH ‖ **46** sua CS : sua [*ex* sue *corr.*]
H² suae HAR suos V ‖ **47** intortos V : -tas CS -tus HAR ‖

On construit pour le combat un rempart de monts
énormes : le Pélion s'accroît de l'Ossa et tout au-dessus
de l'Ossa repose l'Olympe. Déjà ils s'efforcent d'escalader
50 cet amoncellement de montagnes ; l'impie soldat, tout
près des astres apeurés, leur lance un défi ; oui, prêt à
l'attaque, il appelle maintenant tous les dieux au combat,
leur lance un défi : déjà ses étendards sont arrivés à la
troisième ligne. Jupiter, du haut du ciel, est tout trem-
blant : sa main droite brandit la foudre dont il est armé
55 et il fait disparaître le ciel sous de sombres nuages. Voilà
que s'élancent à l'assaut les géants, commençant par
pousser une immense clameur ; alors le père des dieux
fait entendre la voix puissante du tonnerre qu'encoura-
gent de partout, renouvelant sans cesse leurs efforts, les
vents en désordre avec leur cortège d'auxiliaires (1). Sans
cesse à travers les nuées éclate la foudre et se déchaînent
60 des torrents de pluie ; la lutte réunit pour une défense
commune tout ce que les dieux ont de puissance. Déjà à
la droite du père des dieux était postée Pallas, à sa gauche
Mars ; déjà tous les autres dieux sont là, debout, de chaque
côté de lui. Jupiter agit en dieu : il fait crépiter ses feux
puissants ; le voilà vainqueur et sa foudre renverse les
montagnes. Ainsi furent vaincues, mises en déroute par

de Thermé (g. de Salonique) et celui de Toroné (g. de Kassandra) ;
c'est là que la Fable place le théâtre de la lutte entre les Géants et
les dieux. On appela aussi *campi Phlegraei* (les champs qui brûlent) la région volcanique située au nord de Pouzzoles, toujours
environnée de vapeurs de soufre (la Solfatare). Il en sera question
aux vers 429 et suiv.

(1) On trouve chez les auteurs anciens des allusions conti-
nuelles à ces « auxiliaires » ou compagnons permanents des vents,
surtout des vents du Nord ; ce sont la pluie, la grêle, la tempête,
la neige, la foudre, le tonnerre, les ténèbres, etc. De même on
trouve fréquemment accolées aux vents les épithètes *aquaticus,
humidus, imbricus, niualis, nubilus,* etc.

Sur ce point, v. Hildebrandt (*Philologus*, LVI, 1, p. 101 et
suiv., 1897) qui réunit des exemples variés de prosateurs et de
poètes de toute époque : Lucrèce, Virgile, Stace, Germanicus,
Rutilius Namatianus ; Pline, Vitruve, etc.

Construitur magnis ad proelia montibus agger :
Pelion Ossa creat, summus premit Ossan Olympus.
Iam coaceruatas nituntur scandere moles,   50
impius et miles metuentia comminus astra
prouocat ; infestus cunctos ad proelia diuos
prouocat admotis *ad* tertia sidera signis.
Iuppiter e caelo metuit dextramque coruscam
armatus flamma remouet caligine mundum.   55
Incursant uasto primum clamore gigantes.
Hic magno tonat ore pater geminantque fauentes
undique discordes comitum simul agmine uenti.
Densa per attonitas rumpuntur flumina nubes
atque in bellandum qu*ae* cuique potentia diuum   60
in commune uenit. Iam patri dextera Pallas
et Mars *l*aeuus erat, iam caetera turba deorum
stant utrimque : deus ualidos tum Iuppiter ignis
increpat et uictor proturbat fu*l*mine montes.

---

48 construitu̯r : cost- S ∥ montibus : motibus H ∥ agger : ager
H ∥ **49** Pelion Ossa : peloniossa C pelonossa S pellon ossa H ∥ Ossan
Olympus : ossa nolympus S ossan olimpus C ∥ **50** *spatium uacuum
inter* iam *et* coaceruatas *reliquit* S ∥ moles : molles H ∥ **52** infestus
CS : -os H infensus AR ∥ **53** admotis ad tertia *scripsi secutus Hildebrandt, Philol.* lxvi (1907), 4, *p.* 562 *sqq.* : admotisque tertia C
amotis [d *super* am *addita*] S admotis [ad motus R] *spatio ante
hoc uerbum vacuo relicto nec non omissis quae sequuntur* HAR ∥
54 ecaelo C : ecelo S ∥ **55** armatus CS : admotus HAR ∥ flamma
remouet C: flammare mouet S flammam rem- HAR flamma renouat
dett. ∥ **57** fauentes CSAR : fouente H ∥ **59** rumpuntur CS : fund-
AR ∥ flumina CS : fulm- HAR ∥ **60** atque in bellandum quae :
atque in bellandumque CS et que *ceteris omissis* HAR atque in
arma ruit [quaecumque] *dett.* ∥ **61** *legitur tantum in* CS ∥ **62** laeuus
Bormans : saeuus CHA seuus S scaeuus R *quod recepit Munro* ∥
caetera C : cet- S ∥ **63** utrimque [-umque H] deus HAR : utr-; ds
[*linea super* ds] C utr- de *cum lacuna duarum fere litt.* S utr- metus
dett. ∥ ignis [*superscr.* acc] C : ignes S ∥ **64** uictor AR : -to CSH
-tos H² iacto *dett.* ∥ fulmine SHAR : flum- C ∥

65 les dieux, entraînées avec l'écroulement des montagnes, ces
armées impies ; ils s'enfuient, ces criminels, tête en avant,
avec leurs camps et suivis de leur mère (1) qui pousse
encore à combattre ses fils vaincus gisant à ses pieds.
Alors la paix fut rendue au monde : le voilà délivré et au
repos ; les astres ont repris leur place dans le ciel ; dans
70 l'univers qui vient d'être ainsi défendu ils retrouvent
leur éclat. Puis, dans les gouffres de Trinacrie, Jupiter
ensevelit sous l'Etna Encelade mourant ; celui-ci s'agite
sous la masse pesante de la montagne et ses mouvements
insolents font jaillir le feu de sa gorge (2).

Prétention des poè-   Voilà les bruits que répand par-
tes à connaître   tout une légende trompeuse. Les poè-
l'intérieur de la   tes ont du talent : c'est là ce qui
terre et la vie des   donne à leurs œuvres de la célébrité.
75 *dieux.*
      La scène n'est en grande partie que
mensonge (3) : les poètes, dans leurs vers, ont vu sous terre
les noires ombres ; au milieu des mânes ils ont vu le pâle
royaume de Pluton ; ils ont vu, ces menteurs, les vallées du Styx et les ondes brûlantes des enfers. Ceux-
80 ci ont châtié Tityos en l'allongeant, forme hideuse, sur
des arpents entiers ; ceux-là te torturent de toute part,

(1) D'après la Fable les Géants seraient fils de la Terre, fécon-
dée par le sang que perdit Uranus (le Ciel), quand il fut mutilé par
ses fils révoltés contre lui. Le poète fait prendre à la Terre une
part active au combat.

(2) Ce curieux récit rappelle la tactique militaire romaine, surtout dans les guerres contre les barbares du Nord ; on y trouve
comme un écho des luttes de Marius contre les Teutons et les Cim-
bres. L'ennemi construit un mur d'assaut ; puis vient la *prouo-
catio* adressée d'abord au gros de l'armée, *astra*, ensuite aux dieux
eux-mêmes, *diui*, troupe d'élite analogue à la cohorte prétorienne.
Les astres, les dieux, Jupiter lui-même prennent peur. Arrivé à
la ligne des *triaires*, l'ennemi, après avoir poussé de grands cris qui
rappellent le *bardit*, s'élance à l'assaut final. Le général en chef,
Jupiter, entouré de son état-major, intervient enfin et met l'as-
saillant en déroute. Cf. Hildebrandt, *Philologus*, LXVI (1907), 4,
p. 562 suiv.

(3) On a signalé, Birt en particulier (*Zum Aetna*, dans le *Philologus*, Bd. VII, H. 4), une extraordinaire ressemblance entre ce
passage où l'auteur s'en prend aux poètes dramatiques et l'*Her-
cule sur l'OEta* de Sénèque. Nous voyons dans cette tragédie Her-

Illinc deuictae uerterunt terga ruinae   65
infertae diuis acies atque impius hostis
praeceps cum castris agitur materque iacentis
impellens uictos. Tum pax est reddita mundo,
tum liber cessat ; uenit per sidera caelum
defensique decus mundi nunc redditur astris.   70
Gurgite Trinacrio morientem Iuppiter Aetna
obruit Enceladon uasto qui pondere montis
aestuat et petulans expirat faucibus ignem.

Haec est mendosae vulgata licentia famae.
Vatibus ingenium est : hinc audit nobile carmen.   76
Plurima pars scenae rerum est fallacia : uates
sub terris nigros uiderunt carmine manes
atque inter cineres Ditis pallentia regna,
mentiti ualles Stygias undasque calentes.
Hi Tityon poena strauere in iugera foedum ;   80

---

65 deuictae CAR : deuinctae S deuecte H ‖ **66** infertae diuis *Sudhaus* : infert ediuis C inferte diuis S infeste d- HAR ‖ **67** praeceps :
prec- S praeceptis [ti *punct. del.*] C ‖ materqueC : mateque S ‖ **68**
red ditamundo S. ‖ *Versus* 68-72 *alia manu minus accurate exarati
sunt in* S ‖ **69** *Versus* 69-70 *inter se transp. Baehrens* ‖ cessat CS :
cessa HA celsa R ‖ caelum : cel- C ‖ **70** decus mundi CS : deus
mudi R ‖ nunc CS : tunc R ‖ **71** gurgite : curcite CS ‖ trinacrio :
-trio H ‖ **72** uasto qui HAR : uastoque CS ‖ **73** petulansHAR :
petula inse CS ‖ expirat C : exsp- S ‖ **75** uatibus : facibus H ‖
nobile : -em H ‖ **76** scenae CS : scenea HAR scenica V ‖ rerum
CSH : uerum AR ‖ fallacia C : -tia S falatia H ‖ **77** sub terris
CS : subternis H subterius AR ‖ **78** inter : intet H ‖ pallentia :
palen- H ‖ **79** *uncis ut spurium inclusit Ellis* ‖ stygias C : stig- S ‖
calentes *prop. Ellis* : canentes ω canesque *coni. Scaliger, quem se-
cuti sunt multi* ‖ **80** hi AR : hii CH h *tantum reliquo uersu omisso* S ‖
Tityon : tition H ‖ poena CHAR : septem V *dett.* ‖

Tantale... ils te torturent par la soif ; et toi, Minos, et
toi, Eaque, ils chantent les jugements que vous rendez au
milieu des ombres ; c'est encore eux qui font tourner la
roue d'Ixion ; bref, ils placent au sein de la terre toutes
ces fictions qu'elle sait bien n'être que pur mensonge.

85 Et même, ô Terre, tu ne leur suffis pas ; ils espionnent
les divinités et ne craignent pas de porter leurs regards
dans le ciel, domaine étranger (1). Ils connaissent les guerres des dieux (2); ils connaissent des unions qui nous sont
cachées, à nous ; ils savent combien de fois se déguise Jupiter pour de coupables amours : il se présente à Europe
en taureau ; avec Léda c'est un cygne au blanc plumage,
90 avec Danaé une pluie de précieux métal (3).

On accorde aux poètes cette liberté-là ; mais pour
moi le vrai est mon unique souci. Je vais chanter par
quelle cause s'agite, s'embrase et bouillonne l'Etna et
comment son avidité rassemble en lui des feux sans cesse
renaissants.

cule revenant des Enfers dont son compagnon Thésée fait une description riche en détails savoureux. Nous y retrouvons Tityos et
autres condamnés de marque, les Mânes, les jugements de Minos
et d'Eaque, etc. On en a conclu à une imitation chez l'auteur de
l'*Aetna*. L'argument est troublant ; mais au fond ce sont des lieux
communs qui depuis longtemps faisaient partie du fonds exploité,
en Grèce comme à Rome, par les auteurs dramatiques.

(1) On lit dans Théocrite une allusion semblable aux femmes
qui ont besoin de tout savoir : Πάντα γυναῖκες ἴσαντι, καὶ ὡς Ζεὺς
ἀγάγεθ' Ἥραν (*Id.* XV, 64).

(2) En accusant les poètes de prêter aux dieux toutes les fai-
blesses humaines : passions, guerres, commerce charnel, adultères,
séductions, l'auteur est d'accord non seulement avec des philosophes païens comme Cicéron (*N. D.*, II, 28, 78) et Sénèque (*De
vita beata*, 26), mais encore, ce qui d'ailleurs n'est pas surprenant,
avec des écrivains chrétiens, Tertullien (*Apol.*, 14), Arnobe (l. IV),
Lactance (*Inst. div.*, I, 17).

(3) Série d'allusions aux bonnes fortunes de Jupiter qui se chan-
gea en taureau pour enlever Europe, fille du roi de Phénicie Agé-
nor, qu'il rendit mère des trois juges des Enfers ; en cygne, pour
séduire Léda dont il eut, sortis de deux œufs, deux couples de jumeaux, Hélène et Pollux, Clytemnestre et Castor ; en pluie d'or
pour pénétrer dans la tour où était enfermée Danaé qui lui
donna pour fils Persée. Ce sont là des faits ressassés par tous les
poètes ; sans ces derniers ils échapperaient à la malignité des
mortels.

sollicitant illi te circum, Tantale, † poena †
sollicitantque siti ; Minos tuaque, Aea*c*e, in umbris
iura canunt idemque rotant Ixionis orbem,
quicquid et interius falsi sibi conscia terr*a* *e*st.

Nec tu, Terra, satis : speculantur numina diuum   85
nec metuunt oculos alieno admittere caelo
Norunt bella deum, norunt abscondita nobis
coniugia et falsa quotiens sub imagine pecce*t*
taurus in Europen, in Ledam candidus ales
Iuppiter, ut Dan*a*ae pretiosus fluxerit imber.   90
Debita carminibus libertas ista, sed omnis
in uero mihi cura : canam quo feruida motu
aestuet Ae*t*na nouosque rapax sibi congerat ignes.

Quacumque inmensus se terrae porrigit orbis
extremique maris curuis incingitur undis,   95

81 poena CAR : poen *tantum ultima littera abscissa* S pen*ā*
H cena *scripsit Baehrens reliquo uersu ita mutato*: sollicitant idem
te siccum,Tantale, cena.*Alii alia coni. quae enumerare non est magni momenti : mihi quidem animaduertenti eadem uerba saepius in
uersibus* 76-87 *iterari non ita displicet* poena *etsi* crucem posui : c*f*.
vates — vates, sollicitant — sollicitant, norunt — norunt ‖
82 sollicitantque siti : -tant questi H ‖ tuaque Aeace : tuaq ;
aeacce C tuaque ea [e *uix legitur,*a *ne uix quidem quasi erasa*] aeace
S tuaque cece [eace *m.* 2] H ‖ **84** quicquid CS: quid [quid *add.m.*2]
H ‖ conscia C : c cia [s super c c *addita et ita ut* cia *uideatur prius
fuisse* ria] S consortia HAR ‖ terra est *dett. Ald.* 1517 : terrent
CSHAR ‖ *post u.* 84 *unius versus lacunam pos.* Munro ‖ **85** nec
[n *tantum* S] tu terra CS : nec ut terra H haec ut uera AR non
est terra *dett.* ‖ **86** metuunt S : metunt C ‖ **87** norunt : horunt
H ‖ nobis : uobis H ‖ **89** Europen CS : -em H -am AR ‖ Ledam
S : Laedam C ‖ **90** *om.* AR ‖ Danaae : danae C dane S ‖ **91** om-
nis C : istnnis S ‖ **93** congerat CHAR : -gregat S ‖ **94** inmensus
C : imm- S ‖ **95** incingitur CS: hic agitur AR hic igitur H ‖

II. Conformation de l'intérieur de la terre, sillonnée de canaux qui servent de passage à l'air.

Partout où s'étend l'immense cercle des terres dont la mer ceint les bords en recourbant ses flots (1), il n'offre pas une masse entièrement compacte ; partout se sont formées des fissures, partout le sol s'est entr'ouvert ; creusé dans ses profondeurs, il est sillonné de canaux étroits. De même que dans l'être animé circulent çà et là par tout le corps des veines qui laissent aller et venir l'ensemble du sang nécessaire à la vie, de même la terre engouffre de l'air et le distribue dans son sein (2).

Hypothèses sur la formation de ces canaux ; preuves de leur existence.

Peut-être cet état remonte-t-il au temps où le corps du monde fut divisé en terres, mers et ciel. Le premier rang fut assigné au ciel, le second à la mer ; la terre descendit au rang le plus bas, mais elle se trouva remplie de cavités sinueuses et offrit l'aspect de ces amoncellements qui s'élèvent quand on jette au hasard au même endroit des pierres de grosseur inégale (3). Tel se forme un gouffre offrant dans son intérieur de nombreux espaces vides, comme suspendu sur lui-même, telle la terre, elle aussi, au moment de sa formation, s'est ouverte et a donné passage à d'étroits canaux ; par suite elle n'est pas partout resserrée en un bloc massif. Peut-être aussi le fait en question a-t-il une cause ancienne, sans que la terre ait présenté cette

(1) Cicéron représente la terre comme une grande île entourée par l'Océan : *insulam quam nos orbem terrae uocamus* (*N. D.*, II. 66, 105).

(2) Cf. Sénèque (*N. Q.*, VI, 14, 1) : *corpus nostrum et sanguine irrigatur et spiritu qui per sua itinera discurrit... Sic hoc totum terrarum omnium corpus et aquis quae uicem sanguinis tenent et uentis quos nihil aliud quis animam uocauerit peruium est.*

(3) Il y a ici sans doute une allusion aux ἕρμακες (ou ἕρμακες) formés par des pierres que jetaient les gens qui passaient dans les carrefours ou sur les places publiques devant les statues d'Hermès (λίθους σεσωρευμένους εἰς τιμὴν τοῦ Ἑρμοῦ, Scol. ad Nic., *Th.*, 150) ou aux *scorpiones* (*scorofiones* dans le patois des paysans), mot de la langue des arpenteurs désignant des tas de pierre qui servaient de bornes dans les champs (Sicul. Flacc.).

non totum e*x* solido *est* ; des*i*t namque omnis hiatu,
secta est omnis humus penitusque cauata latebris
exiles suspensa uias agit ; u*t*que animanti
per tota errantes percurrunt corpora uenae,
ad uitam sanguis omnis qua commeat, isdem   100
terra uoraginibus conceptas digerit auras.

Scilicet aut olim diuiso corpore mundi
in maria ac terras et sidera sors data caelo
prima, secuta maris, deseditque infima tellus,
sed tortis rimosa cauis et qualis aceruus   105
exilit inparibus iactis ex tempore saxis ;
— ut cre*b*ro introrsus spatio uacat acta char*y*bdis
pende*n*s in sese, simili*s* quoque terra futur*a*
in tenuis laxata uias non omnis in artum
nec stipata coit ; — siue illi causa uetusta est   110
nec nata est facies, sed liber spiritus intrat

96 ex solido est *Ellis* : et solido CS et solidum HAR est solidu*m*
dett. ‖ desit *dett.* : desunt CSAR desinit H ‖ hiatu CS : -us HAR ‖
98 agit utque *dett.Ald.* 1517: agiturque CS agit inque HAR ‖
animanti CS : -is *edd. ant.* ‖ **100** commeat *dett.* : cum meat C
cummeat S comeat HAR ‖ isdem *Leclerc* : idem ω ‖ **101** digerit
CS : dirigit HAR ‖ auras : aures H ‖ **103** ac CSH : et AR ‖
104 secuta CS : secunda *ex* secuta *corr.* H² ‖ **105** tortis C : toritis
[*prior* i *vix legi potest quasi abrasa*] S totis HAR ‖ aceruus CS:
-uas H -ans AR ‖ **106** exilit CS : exiit HAR ‖ **107** crebro HAR :
crebrer [*prior* r *punct. del.*] C crebor S ‖ introrsus C : introssus
S ‖ *quae sequuntur* spatio *desunt in* HAR ‖ uacat acta CS ‖ ua-
cuata *dett.* ‖ charybdis : charibdis C carims (?) *uel* carinis (?) [h
super ar *addita*] S carambos V corymbos [u *super altera* o *addita*
Sl] *dett.* ‖ **108** pendens *nos* : pendeat *codd.* ‖ similis [*sc.* terra]
nos : similis [*sc.* figurae *pro* futura] *Ellis* simili ω ‖ futura *nos* : -rae
CSAR fumum H figura Sl *dett.* ‖ **109** omnis : -es C ‖ artum CS
arcum HAR ‖ **111** nec HAR : haec C hec S ‖ *post* hec *legitur in* S
sti... ata *quod uerbum totum expunctum est et ita ut legi no n possit*
littera media, forte stipata e u. 110 repetitum ‖ intrat S intra
CHAR ‖ **111-114** *uerba* sed liber—inclusi solidum *alia manu*
e xarata uidentur in S ‖

                                                                    2

forme à l'origine. Il se peut que l'air libre contenu dans
son sein s'en échappe en se frayant une route ou bien que
l'eau pousse au dehors le sol perpétuellement transformé
en limon et amollisse ce qui lui fait obstacle ; il se peut encore que des vapeurs aient triomphé de la masse compacte
qui les tenait enfermées et que des passages aient été
115 ouverts par l'action du feu ; il se peut même que toutes
ces causes aient concouru ensemble en certains endroits.
Ce n'est pas ici le lieu de gémir *de notre ignorance* (1) ;
il suffit de constater un effet.

Peut-on ne pas croire qu'il existe des cavités, des vides,
au sein de la terre, du moment qu'on voit d'immenses
sources en jaillir et des torrents s'enfoncer dans une
120 seule crevasse ? Et il ne s'agit pas d'une ouverture étroite,
au fond vide ; il faut qu'elle aboutisse à un réservoir
suffisant pour recueillir les filets d'eau qui y affluent de
toute part et pouvoir, une fois rempli, laisser jaillir de
quoi former un fleuve puissant. Bien plus, de rapides
et vastes cours d'eau ont parfois disparu dans le sol (2) :
125 tantôt le gouffre où ils se sont engloutis les a ensevelis pour toujours, tantôt ils continuent, invisibles, à

---

(1) Aveu d'ignorance assez surprenant, mais qui démontre la
grande sincérité du poète. N'ayant le souci que de dire des choses
vraies, prouvées par le témoignage des sens, et ne sachant à quelle
hypothèse s'arrêter, il laisse au lecteur le soin de prendre parti ;
il se borne à constater un fait.

(1) Sénèque qui reproduit (*N. Q.* III, 26) en termes analogues la
théorie de l'*Aetna* cite le passage d'Ovide (*Métam.*, XV, 276 suiv.)
où sont mentionnés comme tels le Lycus en Phrygie et l'Erasinus
en Argolide ; il y ajoute le Tigre et l'Alphée en Achaïe (c.-à-d. en
Elide, qui faisait partie alors de la province romaine d'Achaïe) ;
il rappelle (VI, 8) la légende, — réfutée par Strabon (l. VI), —
d'après laquelle l'Alphée reparaîtrait à Syracuse dans la célèbre
fontaine d'Aréthuse. Virgile fait allusion à cette légende (*Buc.*
X, 4) : *cum fluctus suterlabere Sicanos.* Parmi les fleuves qui dispa-
raissaient ainsi sous terre, les anciens citaient entre autres le
Rhône, le Tibre, l'Oronte, l'Arias en Perse, le Polytimetus en
Sogdiane. En Espagne, la Guadiana a un cours souterrain d'environ 22 kilomètres. V. aussi Sénèque, *Ibid.*, VI, 8.

effugiens molitus iter, seu nympha perenni
edit humum limo furtimque obstantia mollit,
aut etiam inclusi solidum uicere uapores
atque igni quaesita uia est, siue omnia certis   115
pugnauere locis, non est hic causa dolendi,
dum stet opus causae.

                    Quis enim non credit inanis
esse sinus penitus, tantos emergere fontis
cum uidet *ac* *se *uno torren*tes* mergere hiatu ?
N*on* ille *est* tenu*is* u*acuus*que : agat apta necesse est   120
con*fluuia*, errantes arcess*at* u*t* undique uenas
et trahat ex pleno quod fortem contrahat amnem.
Flumina quin etiam latis currentia riuis
occasus habuere suos : aut illa uorago
derep*ta* in praeceps fatali condidit ore,   125

---

112 molitus CSH : -ur ARH² ‖ iter SHAR : inter C ‖ nympha
CS : lympha AR lim- H ‖ perenni [perhenni H] CHAR : - is S
dett. ‖ **113** limo CS : limum H binum AR ‖ mollit C : molit S
mollis H moli AR ‖ **114** aut CS : haud HAR ‖ inclusi solidum
S : -sis ol- C ‖ uicere *Sévin, Acad. des Inscr.* V (1729), *p.* 225 : uidere
ω ‖ **115** certis *uix legitur in* S ‖ **116** pugnauere *uix legitur in* S ‖
dolendi CS : docendi *Ald.* -da *Leclerc* ‖ **117** non credit inanis C :
aegerrime legitur S *omis.* HAR non credat inanes *Ald.* non uiderit
illud *dett.* ‖ **118-119** *in unum conflati sic leguntur in* S : esse
sinus penitus tanto se mergere hiatu ‖ **118** fontis C : fontes
HAR ‖ **119** ac se uno torrentes *nos* : hac torres [n *super* e *addita*]
uno se C ac torrens uno se HAR ac torrentem imo se *dett.* aut
uno rursus se *coni.* G. Ramain, *Revue de Philol.* 1906, *p.* 204,
forte recte ‖ hiatu S : hy- C hiatum H ‖ *post. u.* 119 *lacunam unius
uersus notau.* Munro Ellis ‖ **120** nam CS : non HAR ‖ est tenuis uacuusque *nos* : ex tenui uocemque agat ω ‖ **121** conflu-
uia H : cum fluuio C cum fluuia S confluit AR ‖ arcessat ut *nos* :
arcessant CSHAR -at et *dett.* ‖ uenas C : et undas HAR ab undis
dett. Verba undique uenas *difficillime leguntur in* S ‖ **122** et trahat CSH : ext- AR ‖ fortem C : fontem [n *punct. del. et* r *suprascr.*]
S fonte HAR ‖ **124** aut CS : haud HAR ‖ **125** direpta HAV :
dirr-R direptam CS ‖

couler dans les cavernes qui les recouvrent, puis, contre
toute attente ils reparaissent au loin et reprennent leur
cours (1).

Si la terre n'était pas sillonnée en tous sens de canaux
capables de recueillir les cours d'eau, il n'y aurait sûre-
130 ment aucun passage pour les sources, aucune voie pour les
rivières, et la terre, inerte et agrégée en un bloc compact,
ne formerait qu'une masse pesante et immobile. Mais si
des fleuves s'engloutissent dans les abîmes du sol, si d'autres, engloutis, reparaissent à la surface, et même si
d'autres encore se montrent sans avoir été engloutis,
il ne faut pas s'étonner que les vents enfermés, eux aussi,
135 dans le sein de la terre, trouvent un libre passage dans
des issues secrètes (2). Des faits certains vous en donneront
la preuve, preuve qui n'échappera pas à vos regards, si
vous étudiez la terre en détail.

Très souvent on peut voir d'immenses ouvertures
dans le sol, des arpents entiers qui s'enfoncent, disparaissant dans d'épaisses ténèbres. On n'a devant les
yeux, bien loin, que chaos, ruines sans fin. Vous voyez
140 dans les forêts de vastes repaires, des antres où se creusent
sous terre de profondes retraites. Par quelle voie y pé-

(1) Strabon cite également ce phénomène, particulier aux pays
à sol caverneux tel qu'est celui de la Sicile, de fleuves disparaissant
pour reparaître à distance : τὸ δὲ περὶ Μάταυρον σπηλαῖον ἐντὸς
ἔχει σύριγγα εὐμεγέθη καὶ ποταμὸν δι'αὐτῆς ῥέοντα ἀφανῆ μέχρι πολλοῦ
διαστήματος εἶτ'ἀνακύπτοντα πρὸς τὴν ἐπιφάνειαν (275) ; cf. Séné-
que, *N. Q.*, III, 19, 4, où se lit une observation tout à fait semblable à celle de l'*Aetna* : habet... terra... amnes magnitudinis uastae,
quorum aliis semper in occulto cursus est <alii aliquatenus aperte
fluunt > donec aliquo sinu terrae devorentur, alii sub aliquo lacu
emergunt.

(2) L'auteur, qui procède par analogie et s'appuie toujours sur
l'observation, veut démontrer que les vents trouvent dans la terre
des issues que l'on ne connaît pas, mais dont l'existence est prouvée par des faits. Son raisonnement sur les cours d'eau est facile à
saisir : si la terre, avec ses canaux, ne leur offrait pas l'hospitalité
(hospitium), alors sûrement *(iam profecto)* il n'y aurait aucun
passage (ni *semita* ni *uia*) pour les sources et les rivières *(fontes,
riui)* ; nous aurions à faire à une masse pleine et inerte. Mais l'ex-
périence prouve que cela n'est pas ; il doit en être de même pour
les vents.

aut occulta fluunt tectis adoperta cauernis
atque inopinatos referunt procul edita cursus.

Quod *n*i diuersos emittat terra canales,
*h*ospitium fluuium, *iam* *e*t semita nulla profecto
fontibus et riuis constet uia, pigraque tellus   130
con*f*erta in solidum segni sub pondere cesset.
Quod si praecipiti conduntur flumina terra,
condita si redeunt, si qua et iam incondita surgunt,
haud mirum cla*u*sis etiam si libera uentis
spiramenta latent. Certis tibi pignora rebus   135
atque oculis haesura tuis dabit ordine tellus.

Inmensos plerumque sinus et iugera pessum
intercepta *li*cet densaeque abscondita nocti
prospectare : procul chaos ac sin*e* fine ruinae.
Cernis et in siluis spatio*s*a cubilia retro   140
antraque demissa*s* peni*t*us fodisse latebr*a*s :

126 aut occulta [o culta *priore* c *deleta* S] CS : haud oculta
H ‖ tectis : tecti [s *deleta*] S ‖ adoperta C : -te S adoperata H ‖
cauernis HAR : auernis CS ‖ **123** ni *Jacob* : si ω ‖ **129** hospitium :
osp- [-cium S] CS ‖ fluuium CS : fluminum HAR fluuiorum *dett.* ‖
iam et *nos* : aut CSHA uel R ‖ semita CS : semina HAR ‖
131 conferta A *dett.*: conserta CS [*cf.u.*157] ‖ segni : CS segnis HAR ‖
132 terra CS: - ae HAR ‖ **133** et iam : *&*ia S etiam C eciam H ‖
134 clausis HAR : ciassis CS ‖ etiam si : *&* [*quod uix legitur*]
si S ‖ **135-152** *a uerbo* certis *ad syllabam* ob(licumque) *uidentur
alia manu exarati in* S ‖ **135** pignora H² AR : -era CSH ‖ **136** tuis
CSH² : uis H uix AR ‖ **137** inmensos CS : inmensum HAR ‖
138 *incipiunt excerpta Gyraldina* (133-237) ‖ intercepta CSG : inter
cetera H inter certa AR ‖ licet G : leget CSHAR ‖ densaeque
CSHAR : - aque G ‖ nocti CSHAR : - te G ‖ **139** procul *om.* G ‖
ac CSHAR : et G ‖ ruinae CSHAR : minas [= ruinast *Munro*]
G ‖ *in marg.* uastum *add.* G ‖ **140** spatiosa G : spatioque [-cioque
SH] ω ‖ **141** demissas *Ellis* : -a CHA dimissas S demissis R de-
mersas G ‖ penitus G : pedibus CSHAR ‖ fodisse CSGH² : fud-
AR sed - H ‖ latebras G : - is CSHAR ‖

nétrer ? on n'en sait rien ; l'air seul à l'intérieur, se dégage
du sol (1).

Ce sont là des faits réels, permettant de conclure ce
qui se passe dans les profondeurs inconnues. Tâchez
seulement d'avoir la raison pour guide dans l'étude de
145 ces questions délicates. De faits manifestes tirez la réalité
cachée (2).

Ressemblance entre   En effet plus le feu a de liberté
les effets du feu et d'action et de violence dans les
ceux du vent ren-
fermé au sein de espaces toujours clos,plus les vents,
la terre ; leur vio- eux aussi,ont de rage sous la terre,
lence.
      et plus ils en bouleversent les pro-
fondeurs ; c'est là surtout qu'ils doivent briser leurs liens
et repousser tout ce qui leur fait obstacle. Toutefois, la
150 force du vent ou de la flamme ne s'échappe pas, lors de
leur issue, dans des canaux tout droits ; non, elle force le
passage dès que vient à céder l'obstacle ; elle brise obli-
quement les barrières qui paraissent les plus fragiles.

Ainsi se produisent les tremblements de terre, les
mouvements du sol, une fois que l'air comprimé dans son
passage bouleverse les canaux souterrains et repousse
155 tout ce qui lui résiste. Or si la terre était compacte, si
elle ne formait tout entière qu'un bloc massif, elle ne
fournirait aucun de ces spectacles merveilleux qu'elle
nous donne ; elle serait inerte, masse serrée, pesante et
immobile.

Peut-être pensez-vous que c'est seulement à la surface

(1) Un fait est certain, dit l'auteur, c'est que l'air s'échappe du
sein de la terre. Pline et Sénèque, entre autres écrivains, signalent
fréquemment ces vents qui dans les cavernes semblent sortir de
l'intérieur du sol, fait dû dans les pays chauds à la différence de
température entre l'air intérieur et l'air extérieur.
(2) On lit la même observation, comme celles de tout ce passage,
en termes analogues dans Sénèque (*N. Q.*, III, 16) : *Sunt et sub
terra minus nota nobis iura naturae sed non minus certa : crede
infra quiquid vides supra. Sunt et illic specus vasti ingentesque
recessus ac spatia suspensis hinc et inde montibus laxa ; sunt abrupti
in infinitum hiatus* e. q. s. ; cf. vers 300 sqq.

incomperta uia est ; *aer* tantum effluit intra.

Argumenta dabunt ignoti uera profundi.

Tu modo subtiles animo duce percipe curas

occultamque fidem manifestis abstrahe rebus.　　145

Nam quo liberior quoque est animosior ignis

semper in inclusis, nec uentis segnior ira est

sub terra penitusque mouent hoc plura; necesse est

uincla magis soluant, magis hoc obstantia pellant.

Nec tamen in rigidos exit contenta canales　　150

uis animae flammaeue: *ruit* qua proxima cedunt

obliquumque secat qua*e* uisa tenerrima *claustra*.

Hinc terrae tremor, hinc motus, ubi densus hiatu

spiritus exagitat uenas cessantiaque urget.

Quod si spissa foret, solido si staret in *omni*,　　155

nulla daret miranda sui spectacula tellus

pigraque et in pondus confert*a* immobilis esset.

Sed summis si forte putas concedere causis

142 aer *Jacob* : aeri G operum CSHAR ‖ tantum CSHG : tamen H²AR ‖ effluit intra CSHAR : effugit ultra G ‖ *Post hunc u. lacunam unius uersus pos. Munro Ellis* ‖ **145** abstrahe CS : astrue *dett.* ‖ rebus CSH : uerba AR ‖ **147** in inclusis S: ininclusis C in incluso G [*Matthiae* et inclusa *ed. Ien.*] ‖ uentis CSG : uectus HAR ‖ segnior CS : senior H saeuior AR ‖ **148** mouent CSH : -et AR -ens G ‖ **150** rigidos CSHAR: riuos G ‖ exit CS : hesit HAR ‖ contenta CS -densa H² -teta R ‖ **151** flammaeue ruit G : flamma uerrit CS : fl- neurit H fl- urit AR fl- auertit *dett.* ‖ qua V *dett.* : quam CSHAR ‖ **152** obliquumque C : oblic- S obiquamque R ‖ quae : qua CSAR quam H ‖ claustra *coni. Unger* : causa est CS ‖ *Versus sic legitur in* G : obliquumque secant quae causa tenerrima caussa est. *Alii alia coniecerunt* ‖ **153** hiatu CSH: -us AR hiantes G ‖ **155** solido si staret [sistaret S] CSG : solidos instaret HAR ‖ in omni G : inamni C *aegerrime legitur* inā mi (?) S inmani H inani AR *dett.* ‖ **157** conferta G : confert CS confertim [(mobilis] HAR ‖ **158** summis *codd.*: subitis G ‖ concedere *Ellis* : -credere CS -gredere HAR -crescere G

qu'agissent les causes d'un si puissant phénomène et
que se forment les éléments capables de l'entretenir, sous
160 prétexte que vous avez sous les yeux des ouvertures immenses et d'immenses enfoncements du sol.Dans ce cas,
vous faites erreur;vous n'avez pas encore mis les choses
en pleine lumière (1). En effet partout où se présente l'ouverture d'un gouffre, là se produit tout l'effet impétueux
des vents. Seulement, dès l'ouverture même leurs forces
s'affaiblissent ; une fois l'issue pleinement libre, elles se
modifient,s'abattent et perdent tout leur pouvoir.Et voici
165 pourquoi : aussitôt que dans l'espace libre fait défaut
la cause qui comprime les vents et excite leur lenteur,
ils s'apaisent ; un si profond espace les disperse en tous
sens et fait qu'ils se calment à l'orifice même. Il leur faut
un étroit passage pour qu'ils se déchaînent ; c'est alors
qu'ils se démènent ; ils se pressent, ils se poussent ; tantôt
170 c'est Eurus et Borée qui se précipitent sur Notus, tantôt
c'est celui-ci qui acccable les deux autres. Voilà ce qui
donne de la rage au vent : sa violence entr'ouvre le sol,
l'ébranle jusque dans ses fondements, fait trembler,
écrouler les villes. Et c'est ainsi qu'un jour, si ce n'est
pas un crime de le croire, le monde reprendra sa forme

(1) Le poète, qui tient essentiellement à ce que l'observateur
juge des choses par la vue, prévoit une objection : nous ne voyons
du volcan que ce qui passe à la surface ; par suite, ce qui a été dit
plus haut de la puissance des vents et du feu, renfermés et se dé-
ployant au sein de la terre, pourrait bien être faux. Pour combattre cette objection, le poète fait appel au raisonnement et
appuiera sa théorie sur des faits dont n'importe qui peut se rendre
compte. Il faut, pour qu'il y ait incendie du volcan : 1º une cause
ou des causes ; 2º des aliments qui entretiennent les feux : tout cela
a été ou sera étudié. A juger les choses superficiellement on pourrait croire que les causes sont celles qui agissent à la surface et non
dans les profondeurs du sol, et que les matières qui alimentent les
feux, sont, elles aussi, soumises à une action tout extérieure. Et cela
tient à ce qu'on a devant les yeux des ouvertures et des enfoncements de terrain assez puissants pour expliquer les phénomènes
observés. Mais cela ne suffit pas : il faut aussi observer ce qui se
passe à l'intérieur du sol.

tantum opus et summis alimentum uiribus, or*a*
quod ualida in promptu cernis ualidosque recessus,　160
faller*is* e*t* nondum tibi cert*o** lumine re*s* es*t*.

　Namque illuc,quodcumque uaca*ns* hiat,impetus omnis;
*a*t sese introitu soluunt adituque patenti
conuersae languent uires animosque remittunt.

Quippe ubi *quod* teneat uentos acua*t*que morantes　165
in uacuo de*fit*, cessant tantumque profundi
explicat errantis et in ipso limine tardant.

Angustis opus est turbent in faucibus ; ill*ic*
feruet opus densique premunt premiturque ruina
nunc *Euri* Boreaeque Not*us*, nunc huius uterqu*e*.　170

Hinc uenti rabies, hinc saeuo quassat hiatu
fundamenta sol*i* trepidant urbesque caducae.

　Inde neque est aliud, si fas est creder*e*, mundo

159 et summis CSHAR: et subitis G ‖ uiribus : uilibus HV ‖ ora G : oris ω ‖ **160** quod C : quae ω ‖ ualida CSHAR : patula G ‖ ualidosque CSAR: ualidosqu*e* H uastosque G ‖ **161** falleris et G : fallere sed CSHAR ‖ tibi certo [certo tibi G] lumine re*s* est G *quem sequimur* : tibi lumine ce̥rtaque retro CSHAR ‖ *Hic uersus miris modis emendatus est in ant. edd.* ‖ **162** illuc CSH : illud AR ‖ quodcumque CHAR : quodcuque S ‖ uacans *Ellis* : uacat CSHAR ‖ hiat impetus CS: hiatu pecus HAR ‖ omnis C : om. S ‖ *legitur* illis quaecumque uacant hiatibus *in* G ‖ *Post hunc u. lacunam unius uersus coni. Munro* ‖ **163** at nos : et CS ‖ sese CSG : rose H rosae AR ‖ **164** conuersae CSHAR : -ceptae G ‖ **165** quod tenea*t Haupt* : contineat C continuat S qui teneat G ‖ uentos acuatque *Munro* : uentosa quaquaeque C uentos aqua queque S uentos aquasque G uentosa quaeque [queque H] HAR ‖ **166** defit G : desint CSHA desinit R ‖ **167** limine CSH : limite ARG ‖ tradant CSHAR: tradunt G [*Matthiae* tradant *Ed. Ien.*] ‖ **168** turbent *Haupt* : -ant CSH turbare in AR turbanti [*omisso* in] G ‖ illic *Bormans* : illos CSHAR illo G ‖ **169** densique premunt CSHAR -saque -mit G ‖ **170** nunc Euri G : hinc furtim CS ‖ notus G : noto [h *super* to *addita* S] CSHAR ‖ uterque *dett.*: uterque est CSG ‖ **171-212** *prior pars uersuum periit, posterior aegre legitur in* S ‖ **171** hinc ARG : hic CH ‖ hinc CSARG hic H ‖ saeuo C: seuo S ‖ **172** soli G: solo CHAR ‖

primitive ; aucun autre présage n'est plus digne de foi (1).

175 Voilà donc, pour commencer, quel est l'aspect de la terre, quelle est sa nature. Le sol est creusé à l'intérieur ; de partout s'y réunissent des canaux. Pour ce qui le concerne, l'Etna en fournit une preuve manifeste, tout à fait vraisemblable.

Aspect de la montagne, bouleversée par des éruptions; leurs causes : les vents. Vous n'aurez pas ici à me prendre pour guide et à étudier des causes cachées. Ces causes se présenteront d'elles-mêmes à vos yeux et vous obligeront à reconnaître ce qui est,

180 car la montagne offre aux regards plus d'un spectacle merveilleux (2).

Ici de vastes ouvertures, plongeant dans les profondeurs du sol, inspirent la frayeur ; là, ce sont d'étroits orifices, pénétrant bien loin au sein de la terre ; ailleurs, des roches compactes se dressent devant vous : c'est une confusion immense par toute la montagne. Ces roches s'enchevêtrent en tous sens ; elles en occupent le milieu,

185 les unes déjà domptées par le feu, les autres destinées à le subir. Et ainsi l'Etna, la montagne aux flancs caverneux, revêt un aspect plus grandiose.

[Voilà comment apparaît, digne de notre visite, ce théâtre où se passent des choses divines;] voilà où s'accomplissent d'aussi prodigieux phénomènes.

(1) V. la même pensée dans Sénèque, *N. Q.*, VI, 1: *non enim domos solum aut familias aut urbes singulas haurit: gentes totas regionesque submergit et modo ruinis operit, modo in altam uoraginem condit... nec desunt qui hoc genus mortis magis timent, quo in abruptum cum sedibus suis eunt et e uiuorum numero uiui auferuntur, tanquam non omne fatum ad eundem terminum ueniat.*

(2) La description du « spectacle merveilleux » est volontairement incomplète ; il ne s'agit que de la partie supérieure du volcan, celle qui avoisine le cratère. Il eût été hors de propos de décrire la beauté des forêts qui en recouvrent les flancs ou la richesse des campagnes qui s'étendent à ses pieds.

uenturam antiqui faciem ueracius omen.

Haec primo cum sit species naturaque terrae, 175
introrsus cessante solo trahit undique uenas.
Ae*t*na sui manifesta fides et proxima uero est.
Non illic duce me occultas scrutabere causas :
o*c*current oculis ips*ae* cogentque fateri :
plurima namque patent illi miracula monti.   180

Hi*n*c uasti terrent aditus merguntque profundo ;
*p*orrigit hi*n*c art*os* penitus quos exigit ultra ;
hinc spissae rupes obstant discordiaque ingens
inter opus ; nectunt uari*e* mediumque cohercent
pars igni domitae, pars ignem ferre coactae,   185
ut maior species Aetnae succurrat inanis.   186
[Haec operis uisenda sacri faciesque domusque ;] 186 **b**
haec illi sedes* tantarumque area *r*erum est.

174 uenturam HAR : -um [a *super* u *add.*]C ‖ antiqui CG *:* -am
dett. ‖ **175** primo CHAR : immo G ‖ species CHARG:facies S‖ naturaque *codd.*:-ue G ‖ **176** trahit CSHAR: -at G ‖ **177** uero est CSH :
uero [*om.* est] AR ‖ **178** illic AR : illinc CH illi G ‖ **179** ipsae G
dett.: ipsi CSHAR ‖ **182** porrigit G : corr- CHAR ‖ hinc G : hic
CHAR ‖ artos [*scil.*aditus : *cf. in u.*181 uasti...aditus *nec non* hinc...
hinc] *Maehly* : artus [...us *tantum* S] ω ‖ penitus quos exigit
CSHAR : penitusque exaestuat G ‖ **183** spissae CHAR : scissae
G ‖ **184** uarie *Ellis* : uaries CH *legi nequit* S uarios AR aliae G ‖
185 pars ignes C : par signes S par signi H ‖ **186** *iterum legitur post*
u. 194 *in* CSHAR ; *eum ex utroque loco ut spurium rejecit Munro ;
in priore seruauerunt inter alios Alzinger [sed post u.* 187 *cum leui
emendatione* succrescat in ignes] *Sudhaus, in posteriore Baehrens
Ellis, in utroque loco ant. edd. et ita, sed uncis inclusum post u.* 194
Leclerc ; asterisco utrobique notauit Jacob ‖ **186 b** omis. CSHAR
habet tantum G *sed post u.* 188 *unde huc trai. Matthiae* ; *uncis inclusit Ellis, post u.* 187 *locav. Sudhaus Lenchantin* ‖ operis *uulgo* : operi G ‖ **187** illi G : illis CHAR ‖ sedes tantarumque G:
tantarum [...rum *tantum* S] sedesque CSHAR ‖ area [arca A]
rerum est : HARG arearum est CS‖

J'ai maintenant à rechercher l'auteur et la cause des
embrasements de l'Etna. Ce n'est pas une cause insigni-
190 fiante, difficile à discerner ; non, des milliers de feux, en
bien peu de temps, vous mettront à même de juger la
réalité. Observez ce qui se passe : les faits vous instrui-
sent ; ils vous imposent d'eux-mêmes ce que vous devez
croire. Je dis plus : le toucher pourrait vous renseigner, si
la chose n'allait pas sans danger ; mais les flammes vous
l'interdisent. Les œuvres de la montagne ont pour gardien
le feu qui en refuse l'accès ; la divinité qui veille sur
l'Etna, [et ainsi la montagne aux flancs caverneux revêt
195 un aspect plus grandiose], ne veut point de contrôle (1) ;
c'est de loin qu'il faudra contempler le spectacle.

Et cependant il n'y a pas de doute à avoir sur ce qui
bouleverse l'Etna dans ses profondeurs ou sur l'artisan
admirable qui commande à un pareil chef-d'œuvre.

La montagne vomit en tourbillons des nuages de sable
calciné ; des masses brûlantes se déversent vivement et
du fond de l'abîme s'échappent en tournoyant les bases
200 mêmes du mont. Tantôt éclate par tout l'Etna un fracas
violent ; tantôt s'en échappent des flammes pâlissantes
mêlées de débris noirâtres.

Jupiter lui-même contemple de loin avec surprise ces

(1) C'était une croyance répandue chez les anciens que les mortels devaient s'éloigner des lieux habités par les dieux et ne pas être
témoins de leurs actes. Dans Virgile la Sibylle écarte par une for-
mule rituelle les profanes à l'approche d'Hécate : *procul, o procul
este, profani* (*Enéide*, VI, 259) ; cf. Callimaque : ἕκας, ἕκας, ὅστις
ἀλιτρός (*Hymne à Apollon*, 2) ; v. aussi Ovide *Fastes*, IV, 531 : *si
nemus intraui uetitum* ; ibid. 761 : *nec Dryadas nec nos uideamus
labra Dianae nec Faunum* ; Lucain, parlant de la forêt de Mar-
seille (III, 422) :
        non illum cultu populi propiore frequentant,
        sed cessere deis...
                  Pavet ipse sacerdos
accessus dominumque timet deprendere luci.
Cf. Sénèque, *N. Q.* VII, 30 : *multa... cognata numini summo et
uicinam sortita potentiam obscura sunt aut fortasse... oculos
nostros... effugiunt..., siue in sanctiore secessu maiestas tanta
delituit et regnum suum, id est se, regit nec ulli dat aditum nisi
animo.*

Nunc opus artificem incendi causamque reposcit,
non illam parui aut tenuis discriminis : ignes   190
mille sub exiguo ponent *tibi* tempore uera.
Res oculique docent ; res ipsae credere cogunt.
Quin etiam tactus moneat, contingere tuto
si liceat : prohibent flammae custodiaque ignis
illi oper*i* est ; arcent aditus diuinaque rerum   194
[ut major species Ae*tn*ae succurrat inanis]   194 b
cura sine arbitrio est ; eadem procul omnia cernes. 195

Nec tamen est dubium penitus qui*d* torqueat Ae*tn*am
aut quis mirandus tantae faber imperet arti.
Pellitur exustae glomeratus *ni*mbus harenae ;
flagrantes properant moles, uoluuntur ab imo
fundamenta : fragor tota nunc rumpitur Ae*tn*a,   200
nunc fusca pallent incendia mixta ruina.
Ipse procul magnos miratur Iuppiter ignes

188 incendi C : -dia SHAR -dii G ‖ causamque CSHAR :
-aque G ‖ reposcit CSHAR poposcit G ‖ **189** *ita legitur in* CSHAR :
... paruo aut tenui discrimine signis G ‖ **190** ponent tibi tempore
[tempora H] uera HAR : ponentibus tempora uera C ponent ibi
tempora nera S. *Versus sic legitur in* G : mille sub exiguum uenient
tibi pignora tempus *quod recep.* *Baehrens Sudhaus Lenchantin* ‖
191 oculique docent CSHAR : oculos ducunt G ‖ ipsae C : ipse S
ipsa H ‖ cogunt CSAR : -ent HG ‖ **192** tactus *coni. Lenchantin*
quod recepi [cf. oculi... docent *in u.* 191] : tactu *codd.* ‖ moneat
CS : -ant ARG [*Matthiae*] *dett.* monet H moneam G [*Ed. Jen.*] ‖
tuto G : toto CSHAR ‖ **194** operi G : operum C opertum HAR ‖
aditus CG : adhitus S ditis H dictis AR ‖ **194** b *cf. ad. u.* 186 ‖
aethne C et ne S ‖ **195** cernes CS : -is HARG ‖ **196** quid G : quin
CHAR *legi non* potest S ‖ torqueat CSHAR torreat G ‖ Aetnam
Scaliger : aetna CR etna H ...na *tantum vix legitur* S ‖ **197**
imperet *dett. et sic* S (?) *quantum legi potest* : -at CHARG ‖ **198**
exustae *ed. Par.* 1507 exutae CHAR exhaustae G ‖ glomeratus
dett. : -atur CHA... omerantes *tantum* S glomeratim G -rantur
R ‖ nimbus : nym-CS ‖ harenae C : ar-SH ‖ **199** uoluuntur S :
uoluntur C ‖ **202** magnos CSHAR : tantos G ‖

feux immenses (1). Ne seraient-ce pas les Géants ensevelis
qui se relèvent tout frais pour de nouvelles guerres ? ne
serait-ce pas Pluton, mécontent de son royaume, qui va
205 échanger le Tartare contre le ciel, tant il fait d'efforts
dans sa demeure cachée (2) ! Cependant au dehors tout se
recouvre d'amas de roches et de sable réduit en poudre.
Ces matières ne s'élèvent pas d'elles-même, elles ne
retombent pas si la force puissante d'un autre corps
les maintient soulevées dans les airs. Ce sont les vents
qui provoquent ces troubles violents ; par leurs furieux
tourbillons ils lancent contre elles-mêmes ces matières,
210 masse épaisse qu'ils font tournoyer et rouler hors des
profondeurs.

Voilà la cause qui laisse prévoir l'embrasement immi-
nent de la montagne. Déchaînés, les vents prennent le nom
de souffles ; relâchés, le nom d'air (3). Livrée à elle-même, la
violence de la flamme ne produit à peu près aucun effet.
Le feu a bien toujours une nature vive ; il est perpétuelle-
215 ment en mouvement ; mais il lui faut un auxiliaire pour
qu'il puisse chasser des corps ; il n'a en lui aucune force
d'impulsion ; là où le vent commande, il obéit ; le vent est
le chef puissant, le feu un soldat combattant sous ses
ordres. ·

(1) On ne remarque pas la moindre trace d'ironie dans ce passage qui est cependant, comme plusieurs autres, en contradiction
avec le dédain du poète pour tout ce qui touche à la Fable.

(2) Dans Claudien, Pluton en courroux est prêt à porter la guerre
contre les dieux de l'Olympe (*Rapt. Pros.* I, 32) :

Dux Erebi quondam tumidas exarsit in iras
Proelia moturus Superis.

Cf. 113 et suiv.

...patefacta ciebo
Tartara ; Saturni ueteres laxabo catenas ;
Obducam tenebris lucem ; compage soluta
Fulgidus umbroso miscebitur axis Auerno.

(3) Cette distinction se retrouve dans Lucrèce, VI, 635 ; dans Sénèque *N. Q.* II, 1, 3 : *cum...spiritus... aer sit agitatus* ; V, 1, 1 : *uentus est fluens aer* ; V, 6 : *interest inter aera et uentum quod inter
lacum et flumen* ; VI, 18, 5 : *omnis in fuga uentus est* ; cf. Vitruve,
I, 6, 2 : *uentus est aeris fluens unda.*

neue sepulta noui surgant in bella Gigantes
neu Ditem regni pudeat neu Tartara caelo
uerta*t*, in occulto tantum premit ! omnia *at* extra 205
congeries operi*t* saxorum et putris harena,
quae nec sponte sua faciunt nec corporis ullis
sustentata cadunt robustis uiribus : omnes
exa*g*it*ant* uenti turbas ac uertice saeuo
in densum coniecta rotant uoluuntque profundo. 210
Hac causa expectata ruunt incendia montis.
Spiritus inflatis nomen, languentibus aer.
Nam prope nequiquam per *se* est u*i*olentia ; semper
ingenium uelox i*gni* motusque perennis ;
uerum opus auxilium est ut pellat corpor*a* : nullus 215
impetus est ipsi ; qua spiritus imperat audit.
Hic princeps magn*o*que sub hoc duce militat ignis.

---

203 neue CHAR : ne G ‖ **205** uertat AG : -ant C -unt H
-it R ‖ premit CHAR *et sic* S *quantum legi potest*: tremit G ‖ omnia
at extra *Ellis* : omnia dextra CSHAR omniaque extra G ‖
206 operit *Ald.* 1517 : operis CHAR...it *tantum* S ‖ saxorum C : xaso-
rum S ‖ harena CHAR *legi nequit* S arenae G ‖ **207** faciunt [*add.*
super lineam S] CSHA : -tiunt R ueniunt G ‖ ullis G : ulli CHAR
ull... *tantum* S ‖ **208** robustis : -i G ‖ **209** exagitant G : exigitur
CHAR ‖ ac uertice G : auertice C *legi nequit* S; ‖ *in hoc uersu ple-*
rique codd. ineptissima habent ‖ **210** coniecta CHAR -lecta G
legi nequit S ‖ **211** *sic legitur in* G : haec causae exspectanda terunt
incendia montis *quod paucis mutatis seruauerunt Baehrens Sud-*
haus Lenchantin ‖ hac AR : haec C nec H *dett.* ‖ montis HAR :
mortis C *uersus legi non potest in* S ‖ **213** *abscissus in* S ‖ prope
nequiquam [necq- G] CG : propena quicquam [quicquid H] HAR ‖
per se est *nos* : par est CHAR pars est G per sest *Wagler Ellis* ‖
uiolentia G : uolentia C uoluentia HAR ‖ semper CHAR : flammae G ‖ *Vers* 214-256 *integri seruantur in* S *sed aegerrime legi possunt*
uu. 214-300 ‖ **214** igni *Leclerc Ellis* : illi *codd.* ‖ **215** corpora GS : -e
CHAR ‖ **216** ipsi C : idsi S illi H ‖ audit CSHAR : audet G ‖ **217** hic
Schrader Haupt: hinc CSG nunc HAR ‖ magnoque *Munro* : magnos-
que CSH *dett.* -usque AR ‖ magnusque qui sub duce *tradit* G ‖

Nouvelles questions :
origine des vents ;
ce qui alimente les
éruptions ; cause
de leurs arrêts.

Maintenant que j'ai mis en évidence le caractère des mouvements de la montagne et la nature du sol, voyons d'où viennent les vents, quels aliments entretiennent les feux du
220 volcan, quelle est, lorsqu'ils s'arrêtent subitement, la cause de leur silence. C'est ce que je vais dire maintenant, c'est là une tâche immense, mais féconde, un travail dont les fruits récompensent dignement les soucis qu'il impose (1).

Digressions :
1° sur la noblesse
des études physi-
ques et astronomi-
ques.

Ne pas se borner, comme les animaux, à contempler du regard ces merveilles ni, en se penchant vers le sol, à repaître son corps alourdi ; se rendre un compte réel des choses et
225 en rechercher les causes incertaines ; sanctifier son intelligence et dresser sa tête vers les cieux (2) ; savoir le nombre et la nature des éléments qui ont formé le monde à l'origine : — ont-ils une fin à redouter ? existeront-ils dans la suite des siècles ? et la machine du monde est-elle soutenue par des liens éternels (3) ? — connaître le mouvement du soleil, savoir pourquoi la lune, avec sa mar-
230 che d'autant plus courte que son orbite est moindre, accomplit douze fois par an sa révolution, alors que le soleil ne l'accomplit qu'une fois ; savoir quels astres ont

(1) V. Sénèque, *N. Q.* VI, 4, 2 : *haec ex quibus causis accidant, digna res excuti.* « *Quod, inquis, erit pretium operae* »? *quo nullum maius est, nosse naturam* e. q. s.

(2) Cf. Sénèque *N. Q.* VI, 3. 4, : *quanto satius est causas inquirere et quidem toto in hoc intentum animo : neque enim illo quicquam inueniri dignius potest, cui se non tantum commodet sed impendat. Quaeramus ergo* e. q. s. Cf. VII, 1, 1 : *nemo usque eo tardus et hebes et demissus in terram est ut ad diuina non erigatur ac tota mente consurgat* e. q. s.

(8) Comment s'est formé le monde ? a-t-il eu un commencement ? aura-t-il une fin ? ou bien est-il éternel ? Ici, comme en bien d'autres endroits, le poète pose des questions ou émet des hypothèses, sans conclure. Il paraît toutefois croire (v. 174) que le monde finira un jour par retourner au chaos suivant la théorie de Lucrèce (V, 235-415).

Nunc, quoniam in promptu est operis natura solique,
unde ipsi uenti ? quae res incendia pascit ?
cum subito cohibentur, inest quae causa silenti ? 220
subsequar : inmensus labor est, sed fertilis idem.
Digna laborantis respondent praemia curis.

Non oculis solum pecudum miranda *tueri*
more nec effusis in humum graue pascere corpus ;
nosse fidem re*rum* dubiasque exquirere causas ;   225
ingen*ium* *sacra*re* cap*ut*que attollere cael*o* ;
scire quo*t* et quae sint magno natalia mundo
principia : — occasus metuunt ? ad saecula pergunt ?
et firma aeterno religata est machina uinclo ? —
solis scire modum et, quanto minor orbita lunae est, 230
haec breuior cur sic bis senos peruolet orbes,
annuus ille meet ; quae certo sidera currant

218 promptu : -tum H ‖ **219** unde G : una CHAR *legi non po-*
test S ‖ **220** cum CSHAR : cur G ‖ cohibentur S : -etur CHAR
-ent G ‖ inest CHAR : *legi non potest* S iners G ‖ silenti : -di G ‖
221 *incipiunt* [*inde a uerbo* inmensus] *tum Excerpta Parisina* 7647
et 17903 *quibus praemissum est* : In ethna quod iocondum sit scientiae non cupiditati operam dare, *tum Excerpta Escorialensia prae-*
misso eodem titulo ‖ **222** digna laborantis : pigra laboratis G ‖
223 pecudum : peccudum [*pr.* c*puncto del.*] C ‖ tueri G : uidere
PpE fuere CSHAR ‖ **223-224** *leguntur post u.*250 *in* PpE ‖ **225-226**
desunt in PpE *sed ita ut in u.* 228 *post uerbum* principia *legatur et*
rerum [rerum *uerbo* et *omisso* p] d.e.c. ‖ **225** rerum GPpE : rebus CSHAR ‖ exquirere: exposcere R ‖ **226** ingenium sacrare G :
sacra per ingentem CSHAR sacra perurgentem *dett.*‖caputque attollere caelo G : capitique attollere caelum *ceteri* ‖ **227** quot SAPpE :
quod CHR ‖ natalia CSPpE: fatalia G talia HAR ‖ **228** *conflatur*
cum u. 225 (*u. supra*) *in* PpE ‖ metuunt : meciun̈t A ‖ **229** *deest in*
PpE ‖ uinclo CG: mundo SHAR ‖ **230** lunae G: -a CSH -e PpEAR‖
231 haec CS : hec Pp hoc G ‖ cur sic bis senos *Baehrens* : cursu
bissenos CSG cur subisse HAR cur bissenos[his senos p] cito PpE ‖
peruolet : - at G ‖ *Totum uersum alii aliter emendau. uiri docti* ‖
232 annuus : annus [*altera* u *super* us] C ‖ meet PpEG : monet
CSA -uet HR ‖ sidera [syd- E] PpERG: sidere CSHA ‖

3

une route fixe, quels astres ont une marche errante et
irrégulière ; connaître même la succession des constella-
234 b tions et les lois qui leur sont imposées : — [six disparais-
sent avec la nuit, six sont ramenées avec le jour ;] —
235 savoir pourquoi sont annoncés des nuages dans le ciel et
des pluies pour la terre par le même feu qui fait rougir
le disque de Phébé et pâlir celui de son frère ; pourquoi
l'année a des saisons variées : — le printemps, jeunesse
de l'année, s'en va quand arrive l'été, pourquoi ? pourquoi l'été lui-même vieillit-il ? pourquoi l'automne est-il
chassé par l'hiver qui reprend sa place dans le cercle des
240 saisons ? — connaître l'axe de l'Ourse, la sinistre comète ;
savoir d'où vient l'éclat de Lucifer, de Vesper, du Bouvier (1), quelle est l'étoile de Saturne, qui retient *les navires au port*, celle de Mars, qui amène la guerre *sur les
flots*, quels astres font plier ou tendre leurs voiles aux
matelots ; connaître les routes de la mer, apprendre à l'a-
vance les mouvements du ciel ; savoir où vole Orion, où
245 se poste Sirius (2), indicateur *vigilant*; bref, ne pas souf-
frir que toutes les merveilles étendues devant nous dans
le vaste univers restent dispersées au hasard et enseve-

(1) Lucifer et Vesper (Hesperus) désignent la même planète,
Vénus, suivant qu'elle se montre avant le lever ou après le coucher
du soleil : *Lucifer latine dicitur, cum antegreditur solem, cum sub-
sequitur autem, Hesperus* (Cicéron, *de Nat. Deor.* II, 20, 3). — La
mention du Bouvier est amenée par celle de la grande Ourse (vers
précédent), désignée également en latin sous le nom de *plaustrum*
(le Chariot) ; le Bouvier que les Grecs nommaient aussi Ἀρκτοῦρος
ou Ἀρκτοφύλαξ (le gardien de l'Ourse), en était voisin et paraissait
diriger le Chariot comme un bouvier dirige ses bœufs ; v. Cicéron,
Arat. fr. 16 :
　　Arctophylax vulgo qui dicitur esse Bootes,
　　Quod quasi temoni adiunctam prae se quatit Arctum.
　　C'était une constellation très brillante, « splendens stella candida » : v. Plaute, *Rudens* (v. 3) dont le prologue est débité par
l'étoile Arcturus.
(2) Orion, chasseur infatigable sur terre et changé par Jupiter
en une brillante constellation sur la prière de Diane, est souvent
nommé en compagnie de Sirius dont plusieurs poètes font son
chien favori : cf. Homère, *Il.*, XXII, 29 : Ὠρίωνος κύνα ; v. Hésiode,
Op. et Dies, 609. D'après le scoliaste de Germanicus, *Arat.*, Sirius

ordine, quaeue suos errent incondita cursus ;
scire uices etiam signorum *et* tradita iura :   234
[— sex cum nocterapi, totidem cum lucereferri ;—] 234 b
nubila cur caelo, terris denuntiet imbres,   235
quo rubeat Phoebe, quo frater palleat igni ;
tempora cur uarient anni : — *uer*, prim*a* iuuenta,
cur aestate perit ? cur aestas ipsa senescit
autumnoque obrepit hiems et in orbe recurrit ? —
axem scire Helices et tristem nosse cometen,   240
Lucifer unde micet, quaue Hesperus, unde Bootes,
Saturni quae stella tenax, quae Martia pugnax,
quo rapiant nautae, quo sidere lin*t*ea tendant ;
scire uias maris et caeli praediscere cursus,
quo uolet Orion, quo Sirius incubet index ;   245
et quaecumque iacent tanto miracula mundo
non disiecta pati nec aceruo condita rerum,

233 *quae sequuntur* ordine *desunt in* PpE ‖ quaeue [ue *om. Mat ·
thiae*] suos G : quae uesuos (?) S quaeue suo CHAR quaeque suo
dett.‖ errent *Munro* : -ant CSHAR seruent G ‖ cursus *Munro* :
cura CSAR thura H motus G ‖ **234** et *dett.: om. ceteri* ‖ iura : cura
est PpE ‖ **234**b *legitur tantum in* G ‖ **235** caelo terris : pano*p*e
[phatne *Matthiae*] caelo G caelo terrae *dett.* ‖ **236** rubeat: iubeat [r
super exp. i *add.* P] Pp cubeat E ‖ igni : igne Pp ‖ **237** uarient CSG :
-ant HARPpE ‖ uer prima iuuenta G: primaque iuuenta [*omisso*
uer]*codd.* ‖ **238** cur... cur HARG *et quantum legi potest* S : cura...cura
C uer... cur PpE ‖ aestate : aestatae C ‖ **239** autumnoque: autm-
noque [u *super* tm *add.*] C autumpnoque Pp ‖ hiems: hiemps S ‖
240 cometen CS : -em HARPpE ‖ **241** bootes CSR : boetes
HAPpE ‖ **242** Saturni quae CS : -ique PpE ‖ martia : mastia C
maria (?) S marcia H ‖ **243** nautae : -e Pp ‖ lintea : -thea C ‖ tendant : pandant G ‖ **244** praediscere CS : -dicere *ceteri* ‖ **245** quo
uolet [uolat P] CSHARPpE : qua uocet G ‖ Sirius G *dett.:* setius
C secius H *et* (?) S *omis. spatio relicto* PpE serus AR ‖ incubet
CSHARPE : -at p excubet G ‖ **246** *legitur post* u. 247 *in* p ‖ quaecumque CS : quoc- PpE ‖ **247** disiecta *Alzinger Ellis* : digesta
codd. congesta G ‖

lies dans la masse des phénomènes, mais au contraire les distinguer par leurs caractères propres et les disposer chacune à une place bien déterminée, voilà pour l'esprit un plaisir divin, un plaisir délicieux.

250 *2° sur l'importance, plus grande encore, que présente l'étude de la terre.* Mais le premier des soucis pour l'homme, maître de la terre, est d'étudier son domaine, d'observer les merveilles que la nature a mises aujourd'hui sous ses yeux. Cest là une tâche grandiose, tâche qui nous rapproche des astres célestes.

Est-il en effet, ô mortels, une espérance ou une folie plus grande ? Quoi ! nous voudrions, en quête d'études, errer dans le royaume de Jupiter et, quand nous avons 255 à nos pieds un pareil chef-d'œuvre, nous passerions devant, indifférents, sans en tirer profit ! (1)

3° sur les mesquines occupations des hommes. Nous nous laissons, pauvres malheureux, torturer par des soucis mesquins, accabler par le travail ; nous 275 fouillons les fentes du sol, nous en bouleversons les 276 profondeurs ; nous cherchons ici un filon d'argent, là une 277 veine d'or ; bourreaux de la terre (2), nous employons le 257 fer et le feu à la dompter, jusqu'à ce qu'elle paye sa rançon, avoue la vérité, puis, finalement, reste aban-

---

suivit Orion dans le ciel : *per adsumptionem Orionis in caelum hunc quoque* (sc. *Sirium*) *adsumptum fuisse*. C'est Orion, d'après Hésiode (pass. cité), qui pousse devant lui les Pléiades dont la disparition amène des tempêtes sur mer. D'ailleurs sur tous ces points la tradition ancienne est fort variable.

(1) Cette pensée est fort commune dans la littérature ancienne. V. en particulier Platon, *Théet.* 174 ; Eupolis, fragm. 146 b., p. 297 Koch ; Antipater Sidonius, dans l'*Anth. Pal.*, 7, 172 ; Diogène Laërce, *Thal.*, 34 ; cf. aussi le vers d'Ennius rapporté par Cicéron, *de Divin.* II, 30 ; *de Re publ.* I, 18 :

Quod est ante pedes nemo spectat ; caeli scrutantur plagas :

et Minutius Felix, *Octav.*, 12 : desinite caeli plagas et mundi fata et secreta rimari ; satis est pro pedibus adspicere.

(2) Ce passage est fort curieux. L'homme est un bourreau ; la terre sa victime. Il la met à la torture ; elle déclare ses richesses, en est dépouillée, puis se tait. Ce genre de personnification et de métaphores revient à chaque instant dans le poème.

sed manifesta notis certa disponere sede
singula, diuina est animi ac iucunda uoluptas.

Sed prior haec dominis cura est cognoscere terram 250
et quae nunc miranda tulit natura notare :
haec nobis magna, adfinis caelestibus astris.

Nam quae, mortalis, spes quaeue amentia maior !
In Iouis errantes regno perquirere uelle,
tantum opus ante pedes transire ac perdere segnes ! 255

Torquemur miseri in paruis premimurque labore, 256
scrutamur rimas et uertimus omne profundum: 275 [257]
quaeritur argenti semen, nunc aurea uena ;　276 [258]
torquentur flamma terrae ferroque domantur　277 [259]
dum sese pretio redimant uerumque professae　257 [260]

248 manifesta : manifestata P ‖ certa SHARPpE: cerata C ‖
249 iucunda C : iocunda SpE ioconda P ‖ uoluptas : uoluntas
PpE. *Post hunc uersum leguntur uu.*223-224 (*u. supra*) *in* PpE
ubi deinde sequitur alterum excerptum a u. 256 *incipiens* (*u.infra*)
Versus 250-254 *aegerrime leguntur in* S ‖ **250** haec SG : hec
CH‖ dominis C : hom- HAR omni G ‖ **251** *om.* AR‖ et quae nunc
CH *dett.*: quaeque in ea G ‖ **252** magna : magis G ‖ **253** mortalis
CSHAR : mortali G ‖ spes est [s. est *addito super* spes C] quaeue
CH: spes est quae AR cuiquam est G ‖ amentia : amancia [e *super
altera* a] H amatia AR ‖ maior : maius HR ‖ **254** iouis *ex* iuuis
corr. C ‖ uelle CSHAR : diuos G ‖ **255** ac CSG : et *ceteri* ‖ segnes
CHAR -ne est G ‖ **256** *incipit alterum excerptum in* PpE *cum
titulo*: conquestio quod maiorem demus operam pecuniae quam
scientiae, *uersibus* 250-259 *hoc ordine dispositis* : 256, 257, 258,
277, 275, 276, 259 ‖ **256** torquemur CPpE : -us S ‖ in paruis :
in primis E ‖ premimurque : terimurque G ‖ **275-277** *huc iure,
ut uidetur, reuocauit Scaliger, ubi eos posuisse traditur* G ‖ **275** et
uertimus CSGAPpE : euertimus *dett.* ‖ **276** quaeritur argenti semen nunc : s. ut a. queratur ut PpE ‖ **277** torquentur : torrentur
G ‖ domantur CSPpE : -tis HAR **257** *abscissus in* S ‖ dum
CHAR : ut PpE ‖ pretio : -cio P ‖ uerumque : rerumque E ‖ professae C -e PpE -a est HAR ‖ **258-300** *alia manu et quae facillime
legitur exarati sunt in* S ‖

donnée, sans valeur, muette, privée de ses biens (1). Jour
et nuit le laboureur se hâte à cultiver son champ ; les
260 mains s'endurcissent au travail du sol ; nous savons à
merveille tirer parti de la glèbe. Ici le sol est fertile et
propice aux moissons ; là il est meilleur pour la vigne (2) ;
là, c'est un terrain qui convient aux platanes ; là, il est
excellent pour les prairies ; là, il est dur, préférable pour
les troupeaux et favorable aux bois ; là, il est aride et l'olivier y vient bien (3) ; là, il est humide et l'orme s'y plaît.
265 Que de futiles motifs tourmentent nos âmes et nos corps !
nous voulons que nos greniers soient combles, que nos
tonneaux se gonflent sous le vin qui fermente, que nos
prairies, fauchées, remplissent jusqu'au faîte des fenils
entiers.

Voilà comment l'avidité vous a toujours entraînés,
mortels, là où vous croyiez avoir un profit à retirer (4).

(1) Sur les tortures que l'homme inflige à la terre pour en tirer
parti ou lui arracher ses richesses, on peut citer le passage bien
connu de Pline (*H. N.* 157) : *At haec benigna, mitis, indulgens,
ususque mortalium semper ancilla, quae coacta generat !... quas non
ad delicias, quasque non ad contumelias seruit homini ! In maria
iacitur aut, ut freta admittamus, eroditur ; aquis, ferro, ligno, igne,
lapide, fruge, omnibus cruciatur horis, multoque plus ut deliciis
quam ut alimentis famuletur nostris. Et tamen quae summa patiatur
atque extrema cute tolerabilia uideantur : penetramus in uiscera, auri
argentique uenas et aeris ac plumbi metalla fodientes ; gemmas etiam
et quosdam paruulos quacrimus lapides, scrobibus in profundum
actis. Viscera eius extrahimus...*

(2) Virgile fait une distinction analogue (*Géorg.* II, 228) :

Altera frumentis quoniam fauet, altera Baccho,
Densa magis Cereri, rarissima quaeque Lyaeo.

(3) Sur le terrain qui convient à la culture de l'olivier, cf. Virgile, *Géorg.* II, 179-181 :

Difficiles primum terrae collesque maligni
Tenuis ubi argilla et dumosis calculus aruis
Palladia gaudent silua uiuacis oliuae.

V. aussi Varron, *de re rust.* I, 24 ; Columelle, V, 8, 8.

(4) Des tirades de ce genre en l'honneur des recherches purement
scientifiques et contre l'*auiditas* des mortels se lisent également
dans Sénèque, *N. Q.*, V, 18, 14 et suiv. et Pline, *N. H.*, II, 118.

tum demum uiles taceant inopesque relictae.

Noctes atque dies festinant arua coloni ;
callent rurc manus, glebarum excellimus usu : 260 [263]
fertilis haec segetique feracior, altera uiti,
haec platanis humus, haec herbis dignissima tellus,
haec dura et melior pecori siluisque fidelis ; 263 [266]
aridoria tenent oleae, sucosior ulmis
grata. Leues cruciant animos et corpora causae, 265 [268]
horrea uti saturent, tumeant et dolea musto
plenaque desecto surgant fenilia campo.   267 [270]
    Sic auidi semper qua uisum est carius istis.

258 uiles taceant CSHAR: humiles iacent *contra metrum* G. *Sic uersus legitur in* PpE: turpe silent artes uiles inopesque relicte ‖ **259** atque dies : atque [d *super exp.* t *addita et omisso* dies] P ‖ festinant : -ent CS -ant [e *super exp.* a *addita*] P ‖ **260** rure : rura S ‖ excellimus usu *Walter* : expellimur usu CSHARPpE expendimus usum G *alii aliter* ‖ **261** fertilis haec CS: feralis hec Pp ‖ segetique: que *om.* G segetisque *edd. ant. et sic Munro* ‖ feracior: -tiorSPpE ‖ **262** haec platanis: hec pl- PpE haec plantis G ‖ haec herbis : hec h- PpE hec erbis S ‖ tellus : tellis C ‖ **263** haec : hec PpE ‖ dura et PpE : duro G [*Ed. Ien. unde Matthiae confirmatam esse ducit lectionem* dura et *quam Scaliger iam acceperat e ueteri, ut ait, codice*] diuiti CSH duuti R diuti A diti *dett.* ‖ siluisque : sillisque S ‖ **264** sucosior : succ- PpEH ‖ ulmis GPpE *dett.* -us CSHAR ‖ **265** cruciant : -tiant SE ‖ causae : -e P sause E curae *Exc. Pith.* Baehrens ‖ **266** horrea uti saturent : horreaque ut sature G ‖ tumeant CSP pEH² : rudeant H tundeant A tundant R ‖ et : ut G *Exc. Pith.* ‖ dolea CSH : dolea [e *puncto del.*] p dolia PEAR ‖ **267-285** *seruantur in cod. Laurentiano 33, 9 unde lectiones littera* L *notatas habuit Ellis a bibliothecario Vaticano F.Ehrle S. I.* ‖ **267** plenaque CSGPpE: planaque HAR ‖ surgant: -ent H‖ fenilia PpEGH: fienilia C fenialia S reuilia AR ‖ *Cum hoc uersu desinunt* PE ‖ **268-269** *legitur in* p : O maxima rerum [*lacuna*] et merito pietas homini tutissima uirtus (*cf. ad u.* 631) *dein sequitur aliud excerptum* ‖ **268** sic auidi CSG : sicca [sica H] uidi HAR ‖ qua uisum est CSHAR: quouis est G ‖ carius CSA: carnis H carior RG ‖ istis CSHAR : ipsis G itis *coni. Ellis* ‖ *Versus* 268-272 (*inde a uerbis* qua uisum est) *alia manu exarati uidentur in* S.

**Conclusion :
nécessité d'étudier
l'Etna et ses phéno-
mènes.**

270

Il faut que chacun de nous rem-
plisse son esprit de nobles connaissances ; là il trouvera un vrai profit ;
ce sera pour lui la plus haute récom-
pense de savoir ce que la nature tient caché dans le sein
de la terre ; de n'être déçu par aucun phénomène ; de ne
pas rester muet en contemplant le mont Etna avec ses
grondements divins et son impétuosité furieuse ; de ne
274 pas pâlir d'effroi devant un bruit soudain et de ne pas
278 être persuadé que les menaces du ciel sont descendues
jusqu'au fond de l'univers, jusqu'au sein du Tartare (1) ;
il saura ce qui retient les vents, ce qui les alimente, pour-
280 quoi ils se calment soudain et font la paix sans qu'in-
tervienne aucun traité.

**Origine des vents
renfermés au sein
de la terre ; diver-
ses comparaisons.**

Les vents prennent des forces (2)
au sein de la terre, soit qu'ils se trouvent maintenus dans les creux de
l'intérieur et dans les passages qui
y conduisent, soit que le sol, partout percé d'étroites
crevasses, laisse pénétrer en lui de légers courants d'air ;
ces forces s'accroissent surtout du fait que l'Etna, avec
son sommet dressé droit dans les airs, exposé de toute
285 part à l'assaut des vents, est obligé de laisser leurs souffles pénétrer en tous sens dans sa masse. Ligués ensemble, ils reçoivent de cette union de nouvelles forces. Il

(1) L'expression nous fait penser à la division, dont le poète a
parlé aux vers 102 et suiv., de l'univers en trois parties. La partie
inférieure, la terre, renferme au sein d'elle-même le Tartare que
l'auteur désigne par *Tartara mundi,* expression insolite sans doute,
mais qui n'a rien de choquant ; on en trouve une semblable dans
Hésiode (*Théog.*, 841) :Τάρταρα γαίης ; cf. Lucrèce, II, 328 : *sidera
mundi.* Les menaces des dieux descendent du ciel jusque sous
terre, jusqu'au Tartare, la partie inférieure de l'univers.

(2) Cf. Sénèque *N. Q.*, V, 13 : *uentus, quamdiu nihil obstitit, uires
suas effundit : ubi aliquo promontorio repercussus est aut locorum
coeuntium in canalem deuexum tenuemque collectus, saepius in se
uolutatur similemque illis, quas diximus conuerti, aquis facit uer-
ticem. Hic uentus circumactus et eundem ambiens locum ac se ipsa
uertigine concitans turbo est ; cf. ibid. 12 : ubi... sociauere uires
(sc. procellae) et ex pluribus caeli partibus elisus spiritus eodem se
contulit, et impetus illis accedit et mora.*

22 · AETNA

Implendus sibi quisque bonis est artibus ; illae
sunt animi fruges, haec rerum maxima merces : 270 [273]
scire quod occulto terrae natura cohercet ;
nullum fallere opus ; non mutos cernere sacros 272 [275]
Aetnaei montis fremitus animosque furentis ;
non subito pallere sono, non credere subter 274 [277]
caelestis migrasse minas ad Tartara mundi ; 278
nosse quid impediat uentos, quid nutriat illos,
unde repente quies et nullo foedere pax sit. 280

Concrescunt animi penitus, seu forte cauernae
introitusque ipsi seruent seu terra minutis
rara foraminibus tenues in se abstrahat auras ;
plenius hoc etiam rigido quia uertice surgit,
illinc infestis atque hinc obnoxia uentis, 285

269 huc (pos u. 268) trai. Leclerc uersus 275-277 (cf. supra post
u. 256). Versus 269 bis legitur in H ǁ artibus: astibus C ǁ illae GL :
illis CSHAR ǁ 270 haec ARG : hae CSH ǁ rerum maxima CSHAR :
rerum est optima GL ǁ 271 quod AR: quid CSHG ǁ occulto ARGL:
oculto H exculto CS ǁ terrae natura GL : natura terra CSHR
natura terrae H naturae terra A ǁ 272 mutos Scaliger : multos SC -tum LG -to HA muto R ǁ 273 animosque CSG : -isque
HAR ǁ 274 pallere GL dett.: callere CSHAR ǁ Versus 275-277 trai.
Scaliger post u. 256 (u. supra) ǁ 278 caelestis CS : celesti HR ǁ ad
dett.: aut CSGL ǁ mundi : rumpi GL ǁ 279 impediat : intendat
GL ǁ illos C: om. S ignes GL et ceteri ǁ 280 repente:reperta GL ǁ
nullo Alzinger : multo codd. quod ex inulto [« une paix faite par un
traité sans garant, dont l'infraction ne sera pas vengée»] corruptum coni. P. Oudin S. J. (Mémoires de Trévoux, 1714, 1ᵉ p.,
art. xxxvi, p. 502] forte recte ǁ sit : est GL. Post hunc u. lacunam
coni. Munro ǁ 281 concrescunt nos : - cant codd. ǁ animi : -e GL ǁ
forte : porta GL ǁ cauernae : -e CA ǁ 282 seruent : feruent S et
sic Scaliger ǁ 283 tenues in se GL: neue inse GSH ne ue iussae AR ǁ
abstrahat : obst- H ǁ auras : aures H ǁ 284 quia CSHG : qua
ARG ǁ uertice : uestice C ǁ surgit : -ens GL ǁ 285 infestis Jacob :
infessa est GL infestus ceteri ǁ uentis GL: uitis CSHAR ǁ pro obn.
u. habent obnoxius intus dett. ǁ Hic desinunt LG.

arrive aussi qu'ils sont refoulés à l'intérieur de la montagne par les nuages qu'amène l'Auster ou bien qu'ils tournent avec force autour du sommet et s'ébattent sur les flancs. L'eau, se détachant des nuages, tombe avec
290 bruit, refoule sous elle les airs qui s'enfuient impétueusement, frappe et condense les particules qui les composent.

Voyez en effet ce qui se passe lorsque sur une rive l'écho retentit longuement du bruit sonore du Triton (1) ; l'instrument subit la pression de la masse d'eau qui y est réunie et de l'air qui par force est mis en mouvement ; la trompette fait par suite entendre des mugissements prolongés.

395 Voyez aussi ce qui produit de la musique, lorsque l'eau s'écoule dans les orgues des grands théâtres: l'artiste fait naître des sons bien cadencés, dans des tons différents, en imprimant à l'air léger une impulsion et en poussant l'eau, par en dessous, comme à l'aide d'une rame.

Il n'en est pas autrement dans l'Etna ; refoulés par des torrents d'eau, les vents entrent en fureur, luttant dans des espaces étroits, et la montagne fait entendre de puissants grondements.

300 Il faut croire également que les vents sont mis en mouvement au sein de la terre par des causes semblables à celles que nous constatons à la surface. Ainsi dans un incendie où des matériaux tassés se communiquent le feu les uns aux autres, tout brûle pêle-mêle ; les débris s'écroulent dans le vide, entraînant avec eux en tourbillonnant tout ce qui les entoure jusqu'à ce qu'ils s'arrêtent déposés sur un point d'appui stable.

(1) Le texte de ce passage est très incertain. Le « Triton canorus » doit être une trompe placée dans la bouche d'un Triton agencé de manière à faire entendre sous l'influence d'une pression hydraulique des sons graves et prolongés rappelant les grondements sourds du volcan ; ce serait quelque chose d'analogue à nos sirènes de navires. Hildebrandt (*Beiträge zur Erklärung des Gedichtes Aetna*, Leipzig, 1900; cf. Rossbach, *Berlin. philol. Wochenschr.* 1896, 43, p. 1357) qui reproduit l'opinion de Wernsdorf (*Prooemium* de son édition), précise qu'il s'agit du Triton d'argent employé dans une

undique diuersas admittere cogit*ur* aura*s*
et coniuratis addit concordia uires,
siue introrsus agunt nubes et nubilus auster,
seu fort*es* flexere caput tergoque feruntur.
Praecipiti delata sono premit un*da* fugatque   290
torrentes auras pulsataque corpora denset.

Nam ueluti sonat ora d*iu* Tritone can*o*ro,
pellit op*us* collectus aquae uictusque mouer*i*
spiritus et longas emugit bucina uoces ;
carmineque irriguo magnis cortina theatris   295
imparibus numerosa modis canit art*e* regentis,
quae tenuem impellens animam subremigat unda :
haud aliter summota furens torrentibus aura
pugnat in angusto et magnum commurmurat Ae*t*na.

Credendum est etiam uentorum existere causa*s* 300
sub terr*a* similis harum quas cernimus extra,
ut, cum densa cremant inter se corpora, turbant,
elisa in vacuum fugi*u*nt et proxima secum
momin*e* torta trahunt tutaque in sede resistunt.

286 diuersas: adu- R ‖ admittere CHAR : -ttat S ‖ cogitur
Schrader Munro : cogitat *codd.* ‖ **288** introrsus: introssus S ‖
289 fortes *Ellis* : forte CSR forsan *edd. ant.* ‖ **290** delata CS: de-
lecta *dett.* ‖ unda *Scaliger Exc. Pith.* : una *codd.* ‖ **291** pulsataque :
que *om* S ‖ **292** *uerba post* sonat *om.* S ‖ ora [ore R] diu HAR :
ora duc C ‖ tritone CH: -a AR ‖ canoro HAR : cancro C ‖ **293** opus
H : opes CSARH[2] ‖ moueri *Sauppe,. Gött. gel.Anz.* 1874 Bd II : -e
codd. ‖ **295** carmineque : -naque H ‖ irriguo : inr- H irriguoque
S‖ cortina : cost- S ‖ **296** arte HAR : arta C asta S ‖ **297** impellens : inp- S ‖ unda CSHAR : -am *dett.* ‖ **298** haud : aut H ‖
aliter *om.* S ‖ torrentibus : corr- R ‖ **299** angusto : aug- SA ‖
300 credendum : credum H ‖ existere : extitere H ‖ causas H[1]
dett.: -am CSHAR ‖ **301** *abscissus in* S ‖ terra HAR : -as C -is
dett. ‖ **302** ut *ex* et *corr.* C : ut *ceteri* ‖ cremant *codd.·quod recepit*
Lenchantin collato Senec. N. Q. V, 4, 1 *ubi illustratur uerbum et*
totus locus ; alii aliter emendauerunt ‖ turbant C : -ba HAR ‖
303 fugiunt *Jacob* : -ant *codd.* ‖ **304** momine *Gronov* : nomina
codd. momina *coni. Scaliger* ‖ torta *Jacob* tota *codd.* ‖ trahunt
codd. : -ant A.

305   Peut-être ne suis-je pas d'accord avec vous complète-
ment : vous pourriez croire que d'autres causes donnent
naissance aux vents. Voici cependant des faits indénia-
bles : certaines roches, certaines cavernes s'éboulent pro-
fondément avec un immense fracas ; l'éboulement repousse,
refoule dans tous les sens l'air qui les environne et donne
ainsi naissance à des vents. Ou bien encore des nuages
310 s'étendent au loin, chargés d'humidité : c'est un cas
fréquent dans les plaines ou dans les campagnes qu'ar-
rose un cours d'eau ; des vallées s'élèvent des nuées de
sombre vapeur ; de modestes cours d'eau entraînent des
courants d'air, d'une force presque égale à celle du vent ;
l'humidité les rafraichît, même de loin, et leur donne de
la puissance comme en les fouettant.

315   Or si dans l'espace libre les choses ont déjà tant de
pouvoir, il faut bien que les vents produisent des effets
plus nombreux sous la terre quand ils y sont enfermés.

Effets des vents ren-   Voilà donc les causes qui agis-
fermés dans les sent au dehors comme au dedans
canaux souter- du sol. Resserrés, les vents sont
rains : comparai- mis en mouvement ; ils entrent en
son avec les flots. lutte dans leurs étroits passages ;
comprimés dans cette lutte, ils sont comme étranglés
dans leur marche.

320   Voyez l'eau dans la haute mer : quand elle a été soule-
vée trois ou quatre fois par de violents vents de l'est,
les vagues se multiplient, les premières subissent la
poussée de la dernière. De même le souffle du vent, forte-

naumachie que donna en 806 /53 l'empereur Claude lors de l'achè-
vement du canal d'écoulement du lac Fucin, ce qui aurait pour
conséquence de placer après cette date la composition du poème.
La chose n'est pas prouvée. César avait déjà fait creuser aux bords
du Tibre un premier bassin destiné à des naumachies et à cette
époque l'usage des *hydrauli* était déjà connu à Rome ; v. Cicéron,
Tusc.,III,18: hydrauli hortabere ut audiat voces potius quam Pla-
tonis. D'autres, en particulier Alzinger (*Wasserorgel und Wasseruhr in der Aetna* dans *Blätter fur bayer. Gymnasialsch.* 1900, p. 649-
656),pensent à une horloge hydraulique où l'heure serait annoncée
par un Triton, machine inventée par Ctésibius d'Alexandrie et ap-
portée à Rome en 159 av. J.-C. par Scipion Nasica Corculum : cf.
Censorinus 23, 7 et Plin. *N. H.* VII, 215.

Quod si forte mihi quaedam discordia tecum est, 305
principiis aliis credas consurgere uentos ;
non dubium rupes aliquas penitusque cauernas
proruere ingenti sonitu casuque propinquas
diffugere impellique animas, hinc crescere uentos ;
aut humore etiam nebulas *se* effundere largo,   310
ut campis agrisque solent quos a*d*luit amnis :
uallibus exoriens caligat nubilus aer,
flumina parua ferunt auras, —ui*s* proxima uento est, —
eminus adspirat fortis et uerberat humor.

Atque haec in uacu*o* si tanta potentia rerum est, 315
hoc plura efficiant infra clusique necesse est.

His agitur causis extra penitusque ; coactus
exagitant uentos ; pugnant in faucibus ; arte
pugnantes suffocat iter.
                         Velut unda profundo
terque quaterque exhausta graues ubi perbibit euros, 320
ingeminant fluctus et primos ultim*us* urget,
haud sec*u*s adstrictus certamine tangitur ictu

---

307 non : num AR ‖ **308** proruere *dett.* -uehere CSH p... *tantum* AR ‖ ingenti : ingenitu H ‖ sonitu : sonotu *in* sonitu *corr.* S ‖
309 crescere C: ċernere HAR ‖ **310** se *Baehrens;om. codd.*‖ **311** ut
edd. ant.: aut CSHAR ‖ adluit *Haupt* : abl- C obl- H obr- AR ‖
312 exoriens CSAR : et oriens H ‖ caligat : call- H ‖ nubilus :
-bus H ‖ **313** flumina CSHAR: fla- *dett.* ‖ uis CHAR : uix H² *dett.* ‖
314 eminus C : et minus SHAR ‖ **315** in uacuo H² *dett.*: inuacuos
C in uacuos SHAR ‖ **316** efficiant C: -tiant S.-ciunt HAR offi-
ciunt V.

317 agitur CS : ang- H ‖ coactus CH : -is AR ‖ **318** faucibus :
fac- H ‖ **319** iter CS : inter HAR ‖ uelut : -ud H ‖ **320** perbibit
V *dett.*: perhibit C perbibere H peribere R perhibere A ‖ **321** ingeminant CS : -at R *dett.* ‖ primos ultimus HAR : primos ult... *tantum* S p-us u-os C.

ment comprimé dans sa lutte, subit des chocs, enveloppe ses forces dans sa masse pesante, pousse en avant les corps fortement tassés à travers les canaux du sol qui s'embrasent, se précipite partout où s'offre un passage,
325 dépasse le vent plus lent qui l'attarde (1), et finalement, chassé de l'espace où il était concentré, comme par des tubes de siphon (2), il s'élance au dehors, plein de furie, en traînant des torrents de feu qu'il déverse par tout l'Etna.

Calme absolu, quand Peut-être pensez-vous que le vent
l'éruption a cessé, sort de la terre et qu'il y est refoulé
sur les flancs de par les même ouvertures ; mais no-
330 *l'Etna.* tez les faits caractéristiques que
l'Etna lui-même présente à vos yeux et vous serez forcé d'avouer le contraire.

Même quand le ciel est d'azur, l'air sec et brillant, et que le soleil montre à son lever des rayons d'or autour d'un disque empourpré, il y a toujours de ce côté-là un nuage sombre, masse inerte étendant en tous sens sa face
335 chargée d'humidité, contemplant du haut des airs la montagne avec ses vastes abîmes. L'Etna n'y prend pas garde ; ses feux ne le font pas disparaître : il flotte, allant et revenant partout, obéissant à la plus légère impulsion de l'air. Voyez aussi ces gens qui apaisent les divinités célestes en leur offrant de l'encens au sommet de la montagne, même aux endroits où elle laisse libre l'accès du
340 gouffre insondable aux regards, qui donne naissance à des phénomènes aussi grandioses, lorsque rien n'excite les flammes et que le calme règne au fond de l'abîme.

(1) V. Sénèque *N. Q.*, VI, 12 : « *Venti (inquit Archelaus) in con-caua terrarum deferuntur ; deinde, ubi iam omnia spatia plena sunt et in quantum potuit densatus aer, is qui superuenit spiritus priorem premit et elidit ac frequentibus plagis primo cogit, deinde proturbat ; tunc ille quaerens locum omnes angustias dimouet et claustra sua conatur effringere ; sic euenit ut terrae spiritu luctante et fugam quaerente moueantur e. q. s.* »
(2) Allusion à la pompe à incendie, invention de Ctésibius (v. note 1, p. 23), mentionnée comme machine bien connue dans Pline le Jeune (*Ep.*, X, 35) et Sénèque (*N. Q.* II, 9, 1 ; II, 16, 1 ; III, 15, 6) ; cf. Isidore de Séville. *Orig.*, XX, 6, 9.

spiritus inuoluensque suo sibi pondere uires
densa per ardentes exercet corpora ue*na*s
et quacumque iter est properat transitque morantem, 325
donec confluuio ueluti siponibus actus
exilit atque furens tota uomit igneus Ae*t*na.

Quod si forte putas isdem decurrere uentos
faucibus *a*tque isdem pùlso*s* remeare, notanda*s*
res oculis locus ipse da*b*it cogetque negare.   330
Quamuis c*a*eruleo siccus Ioue fulgeat aether
purpureoque rubens surgat iubar aureus ostro,
illinc obscura semper caligine nubes
pigraque defuso circumstupet humida uultu,
prospectan*s* sublimis opus uastosque receptus.   335
Non illam uidet Ae*t*na nec ullo intercipit aestu ;
obsequitur quacumque iubet leuis aura reditque.

Placantes etiam caelestia numina ture
summo cerne iugo, vel qua liberrimus Ae*t*na
inprospectus hiat, tantarum semina rerum,   340
si nihil irri*t*et flammas stupeatque profundum.

323 inuoluensque : inuou- S ‖ **324** uenas *Ald.* 1517 *et uulgo* -
uires CHAR neruos *dett.* ‖ *Hic uersus legitur in* R *post u.* 342 ‖
326 donec : done H ‖ siponibus actus *om.* HAR ‖ **328** isdem :
idem R ‖ decurrere : decurre C ‖ **329** atque : autque CS ‖ isdem
dett.: idem CSHAR ‖ pulsos *ed. Asc.* 1507 *et uulgo :* -is CSAR
-ibus H ‖ notandas V *et uulgo :* -da [s (= *scilicet ?*) sunt *superscr.*
C] CAR -da sint H ‖ *in* S *legitur in margine* R [*quid sit nescio*]‖
330 negare : necare [notare *m.* 2] H ‖ **331** caeruleo : cer-CS ‖
siccus S : sicus [sicusioue] C ‖ fulgeat C : fugiat H frigeat
AR ‖ **334** defuso : deffusso [*altera* s *puncto del.*] R ‖ humida
cruce not. Munro ‖ **335** prospectans *Munro* : -ant CSHA -tat R
dett. ‖ uastosque : -usque C ‖ receptus CHAR: recessus *ed. Rubei
et uulgo* ‖ **336** uidet *cruce not. Ellis iniuria, ut opinor, nam semper
Aetnam quasi uita praeditum inducit poeta ; alii alia coniec.' e. g.*
uorat *Jacob* bibit *Haupt* fugat *Leclerc etc.* ‖ intercipit CA : -cepit
HR ‖ **338** caelestia: cel- S ‖ ture:turae C thure H ‖ **339** Aetna:
Aethnae AR ‖ **341** irritet HA : -idet C inridet S -ritet R.

Vous rendez-vous compte par suite (1) comment ce
souffle impétueux qui laisse la marque de son passage
sur les roches et sur la terre, qui lance des feux semblables à ceux de la foudre,ne peut pas, une fois qu'il a réglé
ses forces et comme plié ses rênes, enlever des corps que
345 leur propre poids entraîne d'ailleurs à tomber et les dé-
loger de la puissante voûte de la montagne ?

Si je me trompe, j'ai pour moi l'apparence ; il y a dans
les écroulements tant de rapidité qu'elle échappe à nos regards,aussi attentifs qu'ils soient. Est-ce que les assistants
se sentent frappés d'un léger souffle et touchés par l'eau
350 lustrale dont est mouillée la main *du prêtre*, quand il agite
les torches sacrées ? Et cependant leur visage est atteint ;
des atomes de corps mis en mouvement viennent nous
heurter. Tant il est vrai que dans des phénomènes sans
importance la cause ne produit pas un effet violent !

Ainsi ni la cendre,ni les minces fétus de paille, ni l'herbe
desséchée, ni les plus légères plantes ne deviennent la
proie du sol ; immobile, il ne les engloutit pas .La fumée
355 s'élève dans les airs des autels où on offre des sacrifices,
tant le sol est tranquille, paisible, incapable de rien
absorber.

Que ce soient donc des causes étrangères ou des

(2) Tout ce passage, dont le texte est d'ailleurs fort altéré, est
assez obscur. L'auteur a posé en principe que les vents ne sortent
pas du sein de la terre et n'y entrent pas par les mêmes ouvertures.
Evidemment il tâche de prouver cette assertion. Or, comme ils
sont les agents les plus actifs de l'éruption, ils sortent par la même
ouverture que les flammes. Voilà un fait. Quand le volcan est au
repos,si les vents rentraient dans les profondeurs du sol par le même
chemin,on devrait s'en apercevoir. Mais on ne s'en aperçoit pas ; il
règne sur la montagne un calme absolu et les objets les plus légers,
même au bord du cratère, ne subissent aucune attraction qui les
pousse vers l'intérieur de la terre ; les nuages flottent dans un
mouvement de va-et-vient au-dessus de la montagne et la fumée
même des sacrifices monte directement vers le ciel.Voilà un autre
fait. La conclusion de ce dernier fait est nettement indiquée :
d'après ce qui vient d'être exposé, dit l'auteur, admettez-vous avec
certitude comment il arrive que..., etc.

*H*inc igitur credis torrens ut spiritus ille
qui rupes terramque notat, qui fulminat ignes,
cum rexit uires et praeceps flexit habenas,
praesertim ipsa suo decliuia pondere nunquam   345
corpora diripia*t* ualidoque absoluer*i*t arcu ?

Quod si fallor, adest species tantusque ruinis
impetus adtentos oculorum transfugit ictus.

Nec leui*s* astant*es* igitur ferit aura mouetque
sparsa liquore manus, sacros ubi uentilat ignis ;   350
uerberat ora tamen pulsataque corpora nostris
incursant, adeo in tenui uim causa repellit !

Non cinerem stipulamue leuem, non arida sorbet
gramina, non tenuis plant*as* humus excita pr*a*edas.
Surgit adoratis sublimis fumus ab aris,   355
tanta quies illi est et pax innoxia rapti !

Siue peregrinis igitur propriisue potentis

---

342 hinc *Scaliger* : huinc [n *punctis del.*] C huic SHAR ‖ ille
Scaliger : illi *codd.* ‖ **343** notat CSHAR : uorat *dett.* rotat *Jacob*
(*sed cf. u.* 488) ‖ **344** cum rexit CS : cur exit HAR ‖ praeceps:
pre- S *qui cum hoc uersu desinit ima membranae parte abscissa* ‖
346 diripiat R : -iant CHA ‖ absoluerit *Scaliger*: -ueret CR -uere
H -uerat A ‖ **347** si CH : ni AR nisi *edd. ant.* ‖ ruinis CAR : rui-
mus H ‖ **348** trans fugit C : transfligit H trasfugit R ‖
349 *totum uersum cruce not. Ellis* ‖ nec leuis astantes *nos quod in*
notis sugg. Ellis : nec leuitas tantos CHAR (*uerba* leuitas tantos
inter asteriscos pos. Baehrens ; alii alia coni.) ‖ *Post hunc u. lacu-*
nam pos. Munro ‖ **351** uerberat ora C : uerberata HAR ‖ nostris C : -ra HAR ‖ **352** in tenui CHAR : tenuis *dett.* ‖ causa C :
-am H -aque AR ‖ *Post hunc u. lacunam coni. Ellis* ‖ **353** arida :
arr- H ‖ **354** plantas *nos* : plantis *codd. Totus u. turpissime de-*
formatus est : humus excita predas [praedas *scripsi*] C *quod mihi*
intellegi posse uidetur exit humus apredas H exit humor apren-
das AR. *Edit. alii aliter emendau. Post hunc u. lacunam coni.*
Munro ‖ **355** adoratis : odoratus H ‖ **357** peregrinis : -us R ‖
propriisue *Scaliger* : -que *codd.*

4

causes particulières qui donnent de la puissance aux
vents ligués entre eux, leur souffle impétueux soulève
des feux avec des fragments de la montagne même au
360 milieu de sables noirâtres D'énormes roches se meu-
vent en désordre, se heurtent avec fracas, explosions
de flammes, détonations de la foudre. De même, quand
des forêts s'inclinent, courbées sous l'auster, ou que
l'aquilon les fait mugir, les branches des arbres se mê-
lent, s'entre-croisent et en se touchant font naître des
incendies qui se propagent des unes aux autres.

365 *Périodes d'arrêt sui-*   Mais n'allez pas vous laisser
vies d'une violence tromper par les mensonges d'une
nouvelle des vents. foule stupide et croire que le sein de
la montagne se calme parce qu'il est épuisé (1), qu'il faut
du temps pour qu'il reprenne des forces et les tourne à un
nouveau combat, après une défaite. Chassez cette pensée
criminelle, débarrassez-vous de cette opinion mensongère.
Non, les choses divines ne souffrent pas d'une si misé-
370 rable indigence, indigence qui mendierait un peu de secours et demanderait de l'air comme une aumône.

Souvent les débris amoncelés d'un immense éboulement
obstruent les orifices et barrent la route aux luttes qui se
produisent au fond de l'abîme (2). C'est une masse serrée
et pesante, sorte de toit sous lequel les vents ne se ressem-
375 blent plus, qu'ils heurtent sans force aux moments où la

(1) Cette opinion du vulgaire était aussi celle de Pythagore
qu'Ovide fait parler ainsi (*Mét.*, XV, 340 suiv.) :
    Nec quae sulfureis ardet fornacibus Aetna
    Ignea semper erit : neque enim fuit ignea semper.
Quand Sénèque prie Lucilius de faire l'ascension de l'Etna et d'y
recueillir des observations précises, c'est à la suite d'une crainte
de ce genre : il lui semble que la montagne s'affaisse. Mais notre
poète répond immédiatement à l'objection et ici, chose curieuse,
il est d'accord avec les écrivains chrétiens pour qui les flammes de
l'Etna sont l'image des flammes éternelles de l'Enfer, v. Tertullien, *Apol.*, 48 ; Minucius Felix, *Oct.*, 35.
(2) V. Sénèque, parlant de l'Araxe, *N.Q.*, VI, 17 : *ubi saxa manu
uel casu illata repressere uenientem, tunc impetum mora quaerit et,
quo plura opposita sunt, plus inuenit uirium : omnis enim illa unda,
quae a tergo superuenit et in se crescit, uim ruina parat et prona cum
ipsis, uae obiacebant, fugit. Idem spiritu fit qui quo ualentior agi-*

coniurant animae causis, ille impetus ignes
et montis partes atra subuectat harena ;
uastaque concursu trepidantia saxa fragoris   360
ardentisque simul flammas ac fulmina rumpunt,
haud aliter quam cum prono iacuere sub austro
aut aquilone fremunt siluae, dant brachia nodo
implicitae : hinc serpunt iunctis incendia ramis

Nec te decipiant stolidi mendacia uulgi,   365
exhaustos cessare sinus, dare tempora rursus
ut rapiant uires repetantque in proelia uicti.
Pelle nefas animi mendacemque exue famam.
Non est diuinis tam sordida rebus egestas,
nec paruas mendicat opes nec conrogat auras.   370
Praesto sunt operae uentorum examina semper ;
causa latet quae rumpat iter cogatque morari.
Saepe premit fauces magnis extructa ruinis
congeries clauditque uias luctamine ab imo
et spisso ueluti tecto sub pondere praestat   375
haud similis tenero occursu, cum frigida monti

. **358** ignes C : ignis HAR ‖ **359** partes : perte H ‖ atra C : -as
HAR ‖ **361** ardentisque C : -esque *uulgo* ‖ **362** austro : astro
H ‖ **364** hinc *coni. Ellis in notis* :. haec C hec HAR hae *dett.* ‖
iunctis CAR : uinctis H ‖ **365** stolidi : solidi R ‖ **366** exhaustos :
exaustos [h *super* xa *add.*] C ‖ **367** ut H *dett. :* aut C haud AR ‖
368 famam C : flammam HAR ‖ **369** diuinis *ed. Asc.* 1507 : diuitiis CHAR ‖ tam H : iam CAR ‖ egestas : aeg- C ag- H ‖ **370** paruas
C : paruo HAR ‖ auras : aures H ‖ **371** operae : - e CH -i AR ‖
372 causa latet C : cause latent HAR ‖ quae rumpat iter C: quae-
runt pariter HAR ‖ **373** saepe : sepe CA ‖ **374** luctamine HAR :
luctamur [*addito* at *super* ta *et* tur *super* m] C ‖ **375** et spisso
Jacob : et scisso C escisso HAR : ‖ **376** similis CHA : sitis R ‖ tenero
occursu, cum *nos :* teneros cursu cum C teneros cur secum HAR
locum ualde corruptum alii aliter miris modis emendau. editores.

montagne, refroidic, est devenue calme et qu'on peut s'en
éloigner sans avoir rien à craindre *derrière soi*. Mais ensuite, quand ils sont restés quelque temps silencieux, ce
temps d'arrêt les rend plus rapides, plus pressants ;
ils se heurtent aux obstacles, les repoussent et ils rompent
les liens qui les enchaînent. Tout ce qui se trouve en tra-
380 vers de leur route, ils le brisent ; le choc donne à leur élan
plus d'impétuosité ; la flamme fait sa proie de tout ce
qu'elle rencontre, bondit, lance dans les vastes campagnes ses vagues brûlantes : voilà ce qui se passe quand,
après une longue inaction, les vents reproduisent le
spectacle *de leur puissance.*

Ce qui alimente les Maintenant il me reste à traiter
éruptions : soufre, des matières qui entretiennent l'in-
alun, bitume et cendie, des aliments qui attirent les
surtout pierre meu- flammes, de ce qui nourrit l'Etna.
385 *lière.* Ces matières doivent pouvoir prendre feu sous l'action des causes précédentes. Elles sont
fournies par la montagne même ; ce sont des éléments du
sol qui, mis en contact avec le feu, sont capables de l'entretenir. Là brûle continuellement soit du soufre en
fusion, soit de l'alun, fournissant en abondance sa subs-
390 tance grasse, soit du bitume onctueux, bref, tout ce qui,
approché de la flamme, est de nature à l'activer. Voilà de
quoi est composée la masse de l'Etna. Ces matières sont
d'ailleurs répandues çà et là dans son intérieur : de cela
témoignent les sources qui en sont infectées et qui jaillissent à la base même. Une partie de ces aliments est exposée visiblement à nos regards : ce sont des blocs durs,
395 de vraies pierres, dont le feu fait bouillonner la sève
onctueuse. En outre se trouvent par toute la montagne,
çà et là, des roches qui n'ont pas de nom spécial et qui

liorqué est, citius eripitur et uehementius saeptum omne disturbat.
Cf. *ibid.,* 18 : *quae* (sc. *claustra) diu pulsata conuellit ac iactat, eo
acrior quo cum mora ualentiore luctatus est. Deinde cum circa per-
lustrauit omne quo tenebatur nec potuit euadere, inde, quo maxime
impactus est, resilit e. q. s.* Cf. *ibid.: nec uentum tenet ulla compages.
Soluit enim quodcumque uinculum e. q. s.*

desidia est tutoque licet discedere, *uentos*.

Post, ubi conticuere, mora uelocius urgent ;

pellunt oppositi moles ac uincula rumpunt.

Quicquid in obliquum est, frangunt iter : acrior ictu 380

impetus exoritur ; magnis operata rapinis

flamma micat latosque ruens exundat in agros,

si cessata diu referunt spectacula uenti.

Nunc superant quaecumque regant incendia siluae,

quae flammas alimenta uocent, quid nutriat Aetnam. 385

　　Incendi poterunt illis uernacula causis

materia adpositumque igni genus utile terr*ae*.

　　Vritur assidue calidus nunc sulphuris humor,

nunc spissus crebro pr*ae*betur *al*umine sucus ;

pingue bitumen adest et quicquid comminus acris 390

irritat flammas : illius corporis A'et*na* est.

　　Atque hanc materiam penitus discurrere fontes

infectae el*i*ciuntur *aquae* radice sub ipsa.

　　Pars oculis manifesta iacet quae robore dura est

ac lapis : in pingui feruent incendia suco. 395

　　Quin etiam varie quaedam sine nomine saxa

377 discedere CHA : descend- R ‖ uentos *Wernsdorf* : montes *codd.* ‖ **378** conticuère CAR : contuere H continuere *dett.* ‖ mora CH : -am AR *dett.* ‖ **379** oppositi C : -tas V *edd. ant.* ‖ **381** magnis : magis H ‖ **383** cessata diu referunt C : cessat a [ad H] iure ferunt HAR ‖ **385** quid C *dett.*: quit H quod AR ‖ aethnam C : ethna HAR ‖ **386** *Verba* incendi poterunt *cum seqq. iunxit Sudhaus quem sequor* ; *interpungunt post* poterunt *alii plerique* ‖ **387** terrae [*iam* terrae est *Wernsdorf*] *Vollmer* : terrent CRA tere*n*t H ‖ **389** praebetur : preb - C prebet AR ‖ alumine *Jacob* : numine CH munimine AR uimine V *dett.* ‖ **390** quicquid : quid H ‖ comminus acris : cominus sacris H ‖ **393** eliciuntur *nos* [*cf.* Rvt. Nam. I, 265 : elicitas... lymphas] : eripiantur CH eripiant AR erumpunt et *dett.* ‖ aquae AR : aque H atque C ‖ **394** robore : corpore A *et edd. ant.* [iacetq.] rubur [edita est] H ‖ **396** nomine AR : num- CH uimine *dett.*

se liquéfient: à elles a été assignée la tâche de conserver réellement et fidèlement la flamme.

Caractères de la pierre meulière. Mais ce qui produit avant tout l'incendie de l'Etna, c'est la pierre meulière : à elle appartient l'Etna.

400 Si vous la tenez à la main et en jugez par sa dureté, vous ne croirez pas qu'elle puisse s'enflammer ni communiquer le feu ; mais dès que vous l'interrogez en la frappant avec le fer, elle répond à votre enquête (1): sous le coup, sa douleur fait jaillir des étincelles. Maintenant jetez-là bien au milieu des flammes, laissez ces flammes lui arracher son âme même, dépouillez-la de ce qui fait sa

405 dureté : elle fondra plus vite que le fer, car elle a une nature qui change promptement, qui redoute le mal, dès qu'elle entre en lutte avec le feu. Mais aussitôt qu'elle est pénétrée par les flammes, celles-ci n'ont pas de plus sûr asile ; elle garde ses positions devant l'adversaire, les fortifie avec une confiance tenace, tant elle a de force d'endurance quand elle est vaincue ! Il est rare qu'elle re-

410 prenne sa nature première et rejette hors d'elle le feu. Elle ne forme plus qu'un bloc enveloppé tout entier d'une croûte épaisse et rude ; quand elle a laissé le feu pénétrer lentement en elle, à travers ses pores étroits, elle l'entretient, et le laisse partir avec hésitation et lenteur comme elle l'a accueilli.

Cependant ce n'est pas seulement parce qu'elle forme la plus grande partie de la montagne que cette pierre

415 l'emporte sur les autres et qu'elle est la vraie cause de

(1) V. note 2, p. 20. La pierre meulière est, elle aussi, personnifiée. On l'interroge, elle répond, elle éprouve de la souffrance, elle a de la force de résistance, etc. Pline parle également de certaines pyrites dont se servaient les patrouilles militaires ; frappées à l'aide d'un clou ou d'une autre pierre, elles produisaient des étincelles qui mettaient feu à des allumettes soufrées, des champignons desséchés ou des feuilles sèches (*N. H.*, XXXVI, 19). La pierre meulière était d'ailleurs désignée parfois sous le nom de pyrite : *molarem quidam pyritem uocant quoniam sit plurimus ignis illi* (Pline, *N. H., ibid.*) — Il s'agit ici d'un fait bien connu : c'est le principe du briquet.

toto monte liquent : illis custodia flammae
uera tenaxque data est.

Sed maxima causa mol*a*ris
illius incendi lapis est; *is* uindicat Ae*t*nam.
Quem si forte manu teneas ac robore cernas,   400
nec feruere putes ignem nec spargere posse.
Sed simul ac ferro quaeras, respondet et ictu
scintillat dolor ; hunc multis circum inice flammis
et patere extorquere animos atque exue robur :
fundetur ferro citius, nam mobilis illi   405
et metuens natura mali est, ubi coritur igni.
Sed simul atque hausit flammas, non tutior hausti*s*
ulla domus, seruans aciem dura*n*sque tenaci
s*a*epta fide, *tanta* est illi patientia uicto !
Vix unquam redit in uires atque euomit ignem.   410
Totus enim denso stipatur robore ; *t*arde
per tenuis admissa uias incendi*a* nutrit
cunctanterque eadem et pigre *concept*a remittit.

Nec t*a*men hoc uno quod montis plurima pars est
uincit et incendi causam tenet ille : profecto   415

397 liquent : -ant *dett.* ‖ **398** molaris : mola acris C ‖ **399** incendi :
-ia HAR ‖ est *om.* HAR ‖ is uindicat *Munro* : siuind- C sic uind-
HAR ‖ **400** ac : a R ‖ **401** feruere C : fruere HAR seruare *dett.* ‖
posse C : -em H -im AR ‖ **402** respondet : -eat H ‖ **403** dol*or*
CHAR : color *uel* calor *dett. et edd. ant.* ‖ inice C : isse HAR ‖ **404** patere : pater AR ‖ **406** natura mali : naturam alii C ‖ coritur CH :
coquitur AR cogitur *dett.* ‖ **407** hausit : ausit H ‖ haustis *Scaliger* : -ti C -tu A ‖ **408** duransque *Scaliger* : - amque CHAR ‖
409 saepta : septa C ‖ fide C : fides HAR ‖ tanta est *Scaliger* :
tutum est CHAR ‖ **411** tarde H : cardo [*unde* carbo *coni. et in
textum recepit Ellis*] C tardans AR tarda *dett.* ‖ **412** pertenuis [*nota
acc — et ea quidem cum littera s super ac scripta* (= scil. accusa-
tiuum, *ut opinor*), — *super* nu *addita*] C ‖ **413** pigre concepta
Munro : pigre coepta C pigra cepta [cepte H cœpta A] HAR pi-
greque accepta *dett.* ‖ remittit : -et A ‖ **415** uincit : -et H ‖ ille :
illa *dett.*

l'incendie : assurément nous devons admirer sa vitalité, sa force de résistance.

Toutes les autres matières qui peuvent fournir au feu un aliment, s'anéantissent, une fois brûlées ; il n'y reste plus rien à prendre ; ce n'est que cendre, sorte de terre sans germe de vie. Mais la pierre meulière, elle, supporte 420 l'incendie à mainte et mainte reprise ; épuisée mille fois par le feu, elle reprend ses forces ; elle n'a de fin qu'au moment où, le feu venant à bout de sa dureté, elle est réduite à l'état de pierre ponce légère, tombe en cendres et se décompose en ne laissant échapper que de la poussière.

Digressions sur d'au- Étudiez aussi le fait suivant les
tres régions volca- régions ; allez voir des cavernes du
niques où manque même genre. Il s'y forme des ma-
425 *la pierre meulière.* tières combustibles en plus grande quantité ; mais, comme la pierre meulière, — c'est à la couleur qu'on la reconnaît le plus sûrement, — ne leur a pas apporté son concours, le feu s'y est à peu près éteint.

On dit que dans Aenaria (1) se produisit jadis, contre toute attente, une éruption de flammes ; aujourd'hui tout est éteint à la surface.

On trouve un cas semblable dans un endroit situé 430 entre Naples et Cumes (2), d'où le feu a disparu depuis de longues années ; le sol y fournit sans interruption du soufre en abondance ; on le recueille pour le commerce, tellement il s'y trouve en plus grande quantité que dans l'Etna !

L'île à qui sa forme a même fait donner le nom d'île Ronde, n'offre pas seulement un sol chargé de soufre et 435 de bitume ; le feu peut encore y compter sur une pierre apte à le faire naître ; mais elle laisse rarement échapper

---

(1) Aenaria, aujourd'hui Ischia, bien connue pour ses eaux thermales, dans le golfe de Naples ; autrefois Pithécuse ou Inarimé. C'est sous cette île que fut enseveli le géant Typhée, d'après Virgile, *Enéide*, IX, 215. En 1883, il s'y produisit une éruption qui fit 5.000 victimes ; il n'y en avait pas eu depuis 1303 ; c'était bien « contre toute attente ».

(2) Il s'agit ici des *Campi Phlegraei* (v. note 2. p. 6), l' Ἡφαίστου

miranda est lapid*is* uiuax animosaque uirtus.

Caetera materies, quaecumque est fertilis igni,
ut semel accensa est moritur nec restat in illa
quod repetas ; tantum cinis et sine semine terra est.
*H*ic semel atque iterum patiens ac mille perhaustis   420
ignibus instaurat uires nec desinit ante
quam leuis excocto defecit robore pumex
in cinerem putresque iacit dilapsus harenas.

Cerne locis etiam : similes adsiste cauernas.
Illic materiae nascentis copia maior ;   425
sed genus hoc lapidis, — certissima signa coloris, —
quod nullas adiunxit opes, *e*languit ignis.

Dicitur insidiis flagrans *A*enar*i*a quondam,
nunc extincta super ; testisque Neapolin inter
et Cumas locus e*x* multis iam frigidus annis,   430
quamuis æternum pingu*i* scatet ubere sulphur :
in mercem legitur, tanto est fecundius Ae*t*na !

Insula, cui nomen facies dedit ipsa Rotunda,
sulphure non solum nec obesa bitumine terra est
et lapis adiutat generandis ignibus aptus :   435

416 lapidis *de Rooy*: lapidum *codd.* ‖ **420** hic *ed. Asc.* 1507 : sic CH
si AR ‖ ac : at H ‖ **423** putresque C : -isque AR ‖ iacit C : -et HAR ‖
dilapsus *Scaliger* : del - *codd.* ‖ **424** locis *codd.* : Locris *coni.*
Wagler forte recte ‖ adsiste C : adsisse H adscisse AR arsisse *dett.* ‖
427 adiunxit : adiuxit H ‖ elanguit *Jacob* et languit *codd.* ‖
428 Aenaria : enarea CA enaera R enearia V ‖ **429** testisque C :
tec- HAR ‖ neapolin C : -is HAR ‖ **430** ex *Ellis* : et C sed H *om.*
AR est *edd. ant.* ‖ **431** pingui scatet *Ellis* : pinguescat et CH p- ex
AR p- ab *dett.* ‖ **432** aethna C : etne H aethnae AR ‖ **434** bitumine
C : atunie H acumine AR *alibi aliter non minus uitiose u. g.*
cauamine, cacumine *etc.* ‖ **435** lapis : lapsis [*prior* s *puncto del.*]
C ‖ generandis C : gerendis HAR.

de la fumée et même à peine s'embrase-t-elle, si on l'en-
flamme, car la quantité que l'île en fournit n'entretient
que des flammes destinées à s'éteindre bientôt (1).

Aujourd'hui encore une île continue à brûler, l'île dite
de Vulcain (2), à qui elle est consacrée ; cependant l'incendie s'y est éteint dans sa plus grande partie ; les flottes,
440 ballottées sur la haute mer, s'y réfugient et trouvent un
abri dans son port ; l'autre partie, la plus petite, est assez
riche en matières combustibles, mais incapable de riva-
liser en force avec l'Etna. Et même il y a longtemps que,
là aussi, le feu serait éteint, si le mont sicilien, son voisin, ne l'alimentait pas secrètement de sa propre subs-
445 tance et, par un canal souterrain, ne fournissait pas un
libre va-et-vient aux vents et n'entretenait pas ses feux.

*Autres caractères de
la pierre meulière ;
son importance
dans les éruptions.* Mais les faits se présentent encore
mieux à nos yeux, si nous étudions
des preuves et des indices réels sans
rien qui puisse tromper l'observa-
teur. En effet, tout autour des flancs de l'Etna et à sa base
450 même sont des pierres brûlantes qui exhalent leur chaleur,
des roches éparses çà et là dont les pores se refroidissent ;
il est manifeste, et vous pouvez le croire, que l'aliment
du feu, la cause qui le fait brûler, c'est la pierre meulière,
puisque, lorsqu'elle manque, il ne se produit que des feux
languissants. Mais elle, dès qu'elle a pris feu, elle lance
des flammes, en frappe les autres matières qui s'enflam-

ἀγορά de Strabon (l. V), décrits par Pétrone, *B. C.*,67 et suiv. Aujourd'hui encore on y fait un grand commerce de soufre et d'huile
de vitriol.

(1) L'île Ronde, Strongyle (Στρογγύλη = Ronde : ἡ δὲ Σρογγύλη
χαλεῖται ἀπὸ τοῦ σχήματος), aujourd'hui Stromboli, a un cratère haut de 700 mètres dont s'échappe sans cesse une fumée rou-
geâtre ; d'après Strabon, certains en faisaient le séjour d'Eole.

(2) Volcano, appelée anciennement Therasia, puis Hiera (ἱερὰ
νῆσος = l'île sacrée de Vulcain : *Therasia, nunc Hiera quia sacra
Vulcano est, colle in ea nocturnas euomente flammas*, (Pline, *N.H.*,
III, 93). C'est la plus méridionale du groupe des îles Lipari, entre
l'île Lipara et la Sicile. La communication, dont parle le poète,
entre l'Etna et certaines des îles Lipari par des canaux souterrains

sed raro fumat, qui uix si accenditur ardet,
in breue mortales flammas quod copia nutrit.

Insula durat *adhuc* Vulcani nomine sacra :
pars tamen incendi maior *r*efrixit et alto
iactata*s* recipit classes portuque tuetur ;   440
quae restat minor et diues satis ubere terra est,
sed non Ae*t*naei*s* uires quae conferat illi*s*.
Atque haec ipsa tamen iam quondam extincta fuisset,
ni furt*i*m adge*r*eret Siculi uicinia montis
materiam siluamque suam pressoue canali   445
huc illuc ageret uentos et pasceret ignes.

Sed melius res ipsa notis spectataque ue*r*is
occurrit signis nec temptat fallere *t*estem.

Nam circa latera atque imis radicibus Ae*t*nae
candentes efflant lapides disiectaque saxa   450
intereunt uenis, manifesto ut credere possis
pabula et ardendi causam lapidem esse molarem,
cuius defectus ieiuno*s* colligit ignis.
Ille ubit collegit, flammas iac*i*t et simul ictu

436 qui CHA : et R quin *dett.* ‖ **437** flammas : -ans R ‖ **438** durat adhuc *Scaliger* : durata CHAR. *Hunc locum uarie emendau.*
uiri docti : Therasia est *Jacob* adoratur *Postgate* clarata est *Haupt*:
alii aliter ‖ **439** incendi : -ii H ‖ maior refrixit AR : maiore frixit C maior efrixit H ‖ **440** iactatas HA : -ta C iactactatas R ‖
442 aetnaeis *dett.* : aethnei C ethnei A etnei HR ‖ illis *dett.* : illi
CHAR ‖ **444** furtim AR : -um CH ‖ adgereret *dett. Ed. Venet.*
1475 : adgeneret CH -at AR ‖ siculi uicinia montis *solus* C : *om.*
HAR secretis callibus humor *dett.* ‖ **445** pressoue : presoue H
pressoque *edd. ant.* ‖ **446** ageret uentos : ager etuentos C ageres
u- R ‖ pasceret *Ald.* 1517 : posceret CHAR ‖ **447** notis C : nocte
HAR nota est *dett.* ‖ spectaque [ta *super* aq *addito*] C ‖ ueris *dett.*
Ed. Rub. 1475 : uentis C uenis HAR ‖ **448** occurrit : -rnit H ‖
testem *Haupt* : pestem CHAR ‖ **450** saxa C : -i HAR ‖ **451** manifesto : -te AR ‖ **453** defectus : deff- R ‖ ieiunos AR : -us C - iis
H ‖ **454** iacit *ed. Asc.* 1507 : -et CHAR.

455 ment également et qu'elle oblige à fondre en même temps
qu'elle-même.

Tableau des diverses Tout cela n'a rien d'étonnant.
phases d'une érup- L'aspect extérieur du volcan reste
tion. le même, quand celui-ci est au repos.
C'est ailleurs que brûle la pierre, appelant à s'enflammer
avec elle tout ce qui l'approche et envoyant à l'avance
des preuves certaines de l'incendie qui se prépare. En
460 effet, dès qu'elle met ses forces en mouvement et menace
de bouleverser *la région*, elle s'échappe de toute part,
entraîne brusquement avec elle le sol qu'elle fend de
partout et en justifie les sourds grondements et les feux
souterrains (1).

C'est alors qu'il sera à propos de s'enfuir en trem-
blant et de laisser la place libre aux phénomènes divins ; vous contemplerez en sûreté le spectacle du haut
465 d'une colline. En effet, en un instant se mettent à bouillonner des flammes alimentées de tout ce qu'elles entraînent ; des masses en feu s'avancent ; devant elles roulent
pêle-mêle d'informes quartiers de roches ; des nuées de
sable noir s'envolent avec fracas. On croirait voir des
formes confuses, de vagues figures d'hommes ; ce sont des
pierres déjà domptées dans la lutte, d'autres qui tiennent
470 toujours ferme et ne subissent pas l'atteinte de la flamme.
Ici l'ennemi infatigable, tout haletant, découvre ses forces ; là il sent s'affaiblir le souffle qui l'anime. C'est ainsi
qu'à la suite d'une victoire triomphante l'armée qui est

est mentionnée dans Diodore de Sicile, V. 7 : λέγουσι γάρ τινες ἐκ
τούτων τῶν νήσων ὑπονόμους εἶναι κατὰ γῆς μέχρι τῆς Αἴτνης καὶ
τοῖς ἐπ' ἀμφότερα στομίοις συνημμένους· διὸ καὶ κατὰ τὸ πλεῖστον
ἐναλλὰξ κάεσθαι τοὺς ἐν ταύταις ταῖς νήσοις κρατῆρας τῶν κατὰ τὴν
Αἴτνην.

(1) C'est un fait très connu que les torrents de lave ne débor-
dent pas par dessus les bords du cratère principal du volcan, mais
se frayent une voie en des points indéterminés, variables avec chaque éruption, à travers les flancs de la montagne. Ceci n'empêche
pas d'ailleurs que l'orifice central ne vomisse lui aussi des flammes,
des tourbillons de fumée, poussière, cendres ou débris de toute
sorte. Mais les flots de lave incandescente s'échappent par les
côtés, comme autant de petits cratères accessoires ; c'est un fait
d'observation courante en ce qui concerne le Vésuve dont les

materiam accendit cogitque liquescere secum.   455

Haud equidem mirum. Facie qu*a* cernimus extra,
si lenitur opus, restat ; magis uritur illic
sollicitatque magis uicina incendia saxum
certaque uenturae praemittit pignora flammae.

Nam simul atque mouet uiris turbamque minatu*r*,   460
diffugit ex*t*emploque solum trahit *undi*que ri*mans*
et graue sub terra murmur demonstrat et ignes.

Tum pauidum fugere et sacris concedere rebus
par eri*t* ; *e* tuto speculaberis omnia coll*i*.

Nam subito efferue*n*t honerosa incendia raptis,   465
accensae subeunt moles truncaeque ruinae
prouoluunt atque atra sonant examina harenae.

Illinc incertae facies hominumque figurae :
pars lapidum domita, stanti pars robora pugnae
nec re*c*ipit flammas ; hinc *in*defessus anhelat   47*0*
atque aperit se hostis, decrescit spiritus illi*nc*,
haud aliter quam cum laeto deuicta tropaeo

---

456 facie qua *Munro*: f- quae C fateque H scate [scute R] quod
AR factu quod *dett.* ‖ **457** si: sed AR ‖ lenitur CAR: -er H ‖ uritur
[*ex* uiritur *corr.*] C ‖ **458** incendia: uicinia H ‖ **460** uiris C: curis
HAR ‖ minatur *coni. Wernsdorf* : -us C minutus [-mu- R] HAR.
*Hic et sequens uersus miro modo in codd. corrupti uariis emendatio-
nibus locum dederunt.* ‖ **461** *Post u.* 460 *lacunam notau. Munro
Ellis quibus non assentior, cum mihi uersus* 460-461 *leui emendatione allata intelligi posse uideantur.* ‖ extemploque HAR : exem-
ploque C ‖ undique rimans *nos* : ictaque ramis *codd. Cruce* ramis
Munro ictaque ramis *Ellis notauerunt* ; *alii alia coniec.* ‖ **462** *Post
u.* 461 *lacunam alteram coni. Ellis* ; *hunc u. om.* H ‖ **463** concedere
CH : confugere AR ‖ **464** par erit e *Scaliger* : parere et CHR
par rere et A ‖ colli *dett. ed. Asc.* 1507: collis CHAR ‖ **465** honerosa
incendia C : numerossa incedia R ‖ **466** moles: molles H ‖ **468-469**
habet solus C ‖ **470** recipit HAR : repit C ‖ hinc indefessus *Ellis* :
hinc defensus C hinc defessus H nec hinc [hic R] defessus AR
mons hinc [*uel* hic] defessus *dett.* ‖ **471** se: *om.* AR ‖ illinc *Ellis* :
illic *codd.* ‖ **472** tropaeo : -phaeo CHAR.

vaincue gît abattue dans la plaine à la sortie même du camp (1).

S'il arrive alors qu'une pierre se soit consumée sous l'action du feu qui en a attaqué la surface, elle devient, 475 ce feu éteint, raboteuse, sorte de résidu informe, semblable à ces scories que laisse le fer quand on l'a purifié.

Mais à mesure que les pierres tombent les unes sur les autres, elles forment un amoncellement qui peu à peu s'élève et se termine en un sommet étroit. Elles brûlent alors comme dans une fournaise ; le feu les dessèche et fait sortir par leurs pores et remonter à la surface le 480 liquide que contient leur intérieur. Leur substance disparue, elles sont réduites à l'état de ponces légères, d'un poids infime ; mais leurs éléments liquides se mettent à bouillonner de plus en plus et finalement s'avancent sous la forme d'un fleuve tranquille, laissant s'écouler ses flots le long de la pente des collines. Ces flots continuent peu à peu leur marche jusqu'à une distance de douze 485 milles, car rien ne les fait reculer ; la houle des feux ne connaît plus d'obstacle ; aucune digue ne les arrête : ce serait en vain ; c'est partout la lutte en même temps. Les forêts, les rochers gardent la trace de cette attaque *de l'ennemi* (2) ; il trouve même un auxiliaire dans le sol et le fleuve de feu se procure aisément du secours.

490 S'il arrive qu'il s'attarde, arrêté dans le creux d'une vallée, car en roulant ses ondes il ravage des terrains de hauteur inégale, les vagues se poussent l'une l'autre sans discontinuer, se dressent avec fracas, de même que sur une

éruptions sont aujourd'hui moins rares que celles de l'Etna. La lave, sortant ainsi de la montagne, donne la raison d'être des grondements qu'elle fait entendre et des feux qu'elle contient en elle.

(1) Ici encore, nous avons une comparaison empruntée à l'art de la guerre, dans la lutte entre deux ennemis acharnés : le souffle embrasé qui attaque et la pierre qui se défend. C'est une vraie prise d'assaut, comme s'il s'agissait d'une forteresse à réduire.

(2) La comparaison précédente se continue. Nous avions plus haut des formes vagues, ressemblant à des physionomies humaines, que prennent les colonnes de nuage s'élevant du cratère. Ici le torrent est comme un soldat dont les armes jettent partout la dévastation ; de même qu'une armée en guerre laisse derrière elle

prona iacet campis acies et castra sub ipsa.

Tum si quis lapidum summo pertabuit igni,
asperior sopito et quaedam sordida faex est   475
qualem purgato cernes desidere ferro.

Verum ubi paulatim exiluit sublata caducis
congeries saxis, angusto uertice surgunt.

Sic ueluti in fornace lapis torretur et omnis
exustus penitus uenis subit altius humor.   480

Amissis opibus leuis et sine pondere pumex
excutitur : liquor ille magis feruere magisque
fluminis in speciem mitis procedere tandem
incipit et pronis demittit collibus undas.

Illae paulatim bis sena in milia pergunt :   485
quippe nihil reuocat, curuis nihil ignibus obstat ;
nulla tenet frustra moles ; simul omnia pugnant.

Nunc siluas rupesque notant haec tela solumque
ipsa adiutat opes facilesque sibi induit amnis.

Quod si forte cauis cunctatus uallibus haesit,   490
utpote inaequalis uoluens perpascitur agros,
ingeminant fluctus et stantibus increpat undis,

---

473 prona iacet : prima iacit R || **475** sopito *Maehly* : sopi-
taes CH sopita est H² AR || faex C : fax H fas AR || **476** desi-
dere CH : descid- A disced- *dett.* deced - *Scaliger* || **479** torretur :
-quetur R || **480** exustus CH : utus AR -exsuitur *edd. ant.* || **482** ex-
cutitur C : exqut- H excoqu- A exquoqu- R || feruere C : seruare
HAR || **484** pronis *Suringar, Spicilegia critica,* 1804 : prunis C
primis HAR || demittit *Scaliger* : di - *codd.* || **486** curuis d'*Orville
quod retin. Munro* : curtis CH cartis AR cortis *coni. Stowasser,
collato u.* 406 ; *alii alia coniec., sed cf.* curuo u. 493 || obstat : os - C ||
488 siluas [*sc.* uorant] *edd. ant. unde accusat. retin. Sudhaus
cui assentior* : siluae CHAR || notant CAR : notat H *pro* notant *alii
alia coniec. quae referre inutile uidetur (cf.* notat *u.* 343) || **489** am-
nis C : annis HAR || **490** uallibus C : nasibus H uasibus AR ||
491 inaequalis : ineq- C -es R || perpascitur : prep- A || **492** inge-
minant CHAR -at *dett.*

mer en furie une vague se creuse et bondit par dessus celle
qui la précéde : le courant enflammé, poussant d'abord
en avant ses flots inférieurs, les plus faibles, puis ceux
qui viennent par derrière, à mesure qu'il s'avance, les
495 fait retomber en une vaste nappe comme au sortir d'un
crible (1).

Le courant s'arrête entre ses rives, se refroidit, se dur-
cit ; peu à peu les flots prennent de la consistance ; ce qui
ressemblait à une moisson de flammes change d'aspect.
500 A mesure que ces masses se durcissent, elles exhalent de
la fumée, puis, entraînées par leur propre poids, roulent
avec un fracas immense : lorsque dans leur chute rapide
elles se sont heurtées avec bruit à un corps solide, la
partie heurtée vole en éclats et, à l'endroit où le choc l'a
entr'ouverte, brille un noyau de matière incandescente.
A chaque coup s'élève un essaim dans les airs ; ce sont
des fragments de roches en feu avec des étincelles ; les
voici là-bas, oui, là-bas, vous pouvez le croire ; elles jaillis-
505 sent, puis retombent sans que les roches cessent d'être brûlantes (2). Mais telle est la force impétueuse du feu que jadis
le torrent de laves franchit les rives du fleuve Symae-

des traces douloureuses de son passage, de même le torrent de
feu en laisse sur les forêts et rochers qu'il rencontre. Ce dernier
fait est éclairci par un passage de Nic. Specialis, relatif à l'éruption
de 1329 : effluebat... riuus igneus... occurrentem tellurem exurens
in lapides et in minimos calculos ingentia saxa dissoluens (cf.
Sudhaus, p. 187).

(1) Nouvelle comparaison, avec les flots de la mer. On voit s'a-
vancer une première succession de lames ; elles sont faibles par
comparaison avec celles qui suivront ; par derrière viennent des
vagues plus fortes, suivies d'autres, qui bondissent, font la cul-
bute les unes par-dessus les autres, passent par-dessus les premières et s'étalent ensuite librement, une fois l'obstacle franchi. Cet
obstacle est comparé à un crible qui retarde les vagues au passage
et les laisse libres ensuite de se répandre au loin. L'idée de crible
est bizarre, mais la comparaison ne manque pas d'originalité.

(2) Tout ce passage, dont le texte n'est d'ailleurs pas très sûr, est
caractéristique. Nous avons : 1° la constatation de deux faits que
l'auteur veut mettre en évidence : des *roches en feu*, et, comme
preuve, des *étincelles* ; 2° un appel à l'observation directe et immé-
diate : *les voyez-vous là-bas, oui, là-bas* ; 3° la certitude qu'il s'agit
bien d'un foyer de chaleur intense puisque la pluie d'étincelles
disparue, comme le serait celle d'un feu d'artifice, les fragments

sicut cum rapidum curuo mare cernula*t* aestu,
ac primum tenuis imas agit, ulteriores
progrediens, .late diffunditur et succernens   495

. . . .

Flumina consistunt ripis ac frigore durant
paulatimque ignes coeunt ac flammea messis
exuitur facies. Tum prima ut quaeque rigescit,
effumat moles atque ipso pondere tracta
uoluitur ingenti strepitu praecepsque sonanti   500
cum solido inflixa est, pulsatos dissipat ictus
et qua disclusa est candenti robore fulget.
Emicat examen plagis ; ardentia saxa,
scintillas procul esse fides, procul esse : ruentis
incolumi feruore cadunt. Verum impetus ign*i* es*t*   505
Symaethi quondam ut ripas trajecerit amnis :

---

493 curuo : CA : turuo H curuum R ‖ mare : manere H ‖ cernulat *Jacob* : cernulus CHA cernimus *dett.* ‖ **494** tenuis imas C : tenuis si mas H [*unde* simas *Munro* simans *Ellis*] tenuis [imas *om.*] AR t- sinus *dett.* ‖ ulteriores : -ones H ‖ *Post hunc u. lacunam posuit Ellis* ‖ **495** diffunditur : -us H. *Post hunc u. lacunam pos. Munro Baehrens Ellis* ‖ **499** effumat CAR : aff - H ‖ moles : molles H ‖ **500** praecepsque : prec- CA ‖ **501** inflixa *Scaliger* [*obsolete pro* inflicta : [*cf.* Goetz, *Thes. Gloss. Emend. p.* 573 inflixa ἐνθλιϐεῖν*]* : inflexa CHAR ‖ pulsatos CHAR : pulsantis *dett.* [*unde* pulsantis *sc.* molis ictus *Leclerc quod forte probari potest*] ‖ dissipat : disc-H ‖ **504** *totum u. seruaui qualem tradit* C *in quo nihil mutandum censeo interpunctione contentus ; multis modis emendau. uiri docti et editores* ‖ scintillas : -a HAR ‖ fides : -e HAR ‖ ruentis : -em H - es AR. *Totum locum* Emicat …traiecerit amnis *trai. Baehrens post u.* 492 *parum feliciter ut mihi uidetur* ‖ **505** incolumi : -lomi H ‖ igni est *nos* : ignes *codd.* ‖ **506** Symaethi *Munro* : Simethi C si vel fumanti et hii [et hii *om.* R] HAR *quod forte oriri potest ex aliqua antiquioris codicis emendatione perperam transcripta u. g.* Simanti [*addito supra* uel su *et* hi *ut inde erueretur* sumethi *pro* simanti] ‖ **507** iunctas *quod recepit Lenchantin iam scripseram anno* 1905 : iunctis CHAR ‖ dimouerit : demouerat A ‖ *Versus* 507-508 *inter se transponi iussit Haupt.*

thus. A peine serait-il possible de les débarrasser de ces masses qui les ont réunies en s'y solidifiant : très souvent elles s'y sont accumulées à une hauteur de vingt pieds (1).

510 *Nouvelle description des caractères de la pierre meulière ; roches similaires.* Mais il serait bien inutile d'assigner une cause certaine à chaque point particulier, si vous persistez à avoir foi en une légende mensongère, à croire que c'est une substance autre que la pierre meulière qui se liquéfie sous l'action du feu, que les torrents de lave se durcissent en vertu d'une qualité spécifique de la cendre, ou même que c'est du soufre mélangé à du bitume gluant qui brûle en eux. C'est ainsi par exemple que la terre à potier, une fois domptée par le feu jusque dans son noyau, peut se fondre, ainsi qu'en

515 témoignent les potiers eux-mêmes, puis, si on la laisse refroidir, revenir à sa dureté première et resserrer ses pores. Mais un indice général n'a guère de valeur ; une cause qui prête au doute est une cause sans effet sûr : la vérité s'impose à vous, appuyée sur des garanties certaines.

En effet, de même que le cuivre, *le métal* sonore,

520 conserve une fois dompté par le feu le même caractère que lorsque sa dure substance n'a pas été vaincue, si bien que dans l'un et l'autre cas vous pouvez reconnaître ce qui est réellement du cuivre, de même notre pierre possède, qu'elle s'écoule en un liquide enflammé ou qu'elle reste à l'abri des flammes, des caractères qui restent les mêmes ; jamais le feu n'a modifié son aspect.

525 Bien plus l'absence d'éléments étrangers est démontrée

de roches restent aussi brûlants. Ces quelques lignes sont d'une extrême concision.

(1) Le texte est ici très incertain, D'autres comprennent qu'il faudrait *vingt jours* pour déblayer le lit du fleuve de la masse de lave qui le recouvre ; d'autres que cette masse accumulée barre le cours du fleuve, pendant les *jours suivants*, jusqu'à ce que les eaux se soient tracé un nouveau lit. Le sens que j'adopte (*pedes*, leçon de d'Orville, acceptée par Wernsdorf, Munro, Baehrens, au lieu de *dies*) correspond très bien à tout ce que nous savons de la pensée de l'auteur. Il est facile de constater, se dit-il, si, oui ou non, la masse de lave qui obstrue le lit du Symaethus a une profondeur de vingt pieds. C'est un appel à l'observation directe.

uix iunct*a*s quisquam fixo dimouerit illas ;
uic*e*nos persaepe *ped*es iacet obruta moles.

Sed frustra certis dispónere singula causis
temptamus, si firma manet tibi fabula mendax   510
materiam ut credas aliam fluere igne, fauill*ae*
flumina proprietate simul concrescere, siue
commixtum lento flagrare bitumine sulphur.
Nam poss*e* exust*o* cretam quoque robore fund*i*
et figulos huic esse fidem, dein frigoris usu   515
duritiem reuocare suam et constringere uenas.

Sed signum commune leue est atque irrita causa
quae trepidat : cert*o* uerum tibi pignore constat.

Nam uelut arguti natura est aeris, et ign*i*
cum domitum est,constan*s* eademque et robore saluo, 520
u*t*raque ut possis aeris cognoscere p*a*rtem,
haud aliter lapis ille tenet, seu forte madentes
effluit in flammas siue est securus ab illis,
conseruatque notas nec uultum perdidit ignis.

Quin etiam externam multis color ipse refellit,   525

508 uicenos H *dett.* : -inos CAR ‖ pedes *d'Orville* : dies *codd.* ‖
510 temptamus : tent- H ‖ **511** fluere C : fruere HAR furere
dett. ‖ fauillae *Leclerc* : -a C -am HAR ‖ **512** flumina C : plurima
HAR ‖ propietate H ‖ **513** commixtum : comix- H conustum
AR ‖ lento : -os H ‖ **514** posse *Wernsdorf* : post *codd.* ‖ exustam
CHA : exhaus- R ‖ robore C : -a HAR ‖ fundi *Wernsdorf* : -dit
codd. ‖ **515** figulos CA : uigulos H singulos R ‖ **516** duritiem C :
-am AR ‖ **518** trepidat : tri- C ‖ certo [cert*e* C] uerum tibi C :
uerum tibi certo *ant. edd.* uerum ubi [ibi A] HAR [*omisso* certo]‖
519 uelut : -ud H ‖ natura est C : naturae HAR ‖ igni *Scaliger* :
ignis CHAR ‖ **520** cum domitum C : cord- H cond- AR ‖ constans
Haupt : -at *codd.* ‖ **521** utraque *Munro* : ultraque CH utramque AR ‖
cognoscere : cognoscer C ‖ partem *Leclerc* : portam *codd.* ‖ **524** uultum C : -tu HAR ‖ **525** multis CH : -us AR ‖ color ipse C : calor ipse
AR ipse color H ‖ refellit C : resoluit [*ex* resiluit *corr.* H] HAR ‖
526 odor aut : odora ut C ‖ leuitas CAR : euitas H ‖ **527** eademque per R *edd. ant.* : eadem perque CHA.

aux yeux de beaucoup d'observateurs par sa couleur, sans qu'ils se fondent sur son odeur ou sa légèreté. Elle a beau se réduire en cendres de plus en plus, son aspect ne change jamais ; c'est toujours la même substance terreuse.

Toutefois, je ne le nie pas, il est certaines pierres qui prennent feu et dont l'intérieur brûle violemment une fois embrasé : c'est là leur caractère particulier. Ces
530 pierres ont même reçu des Siciliens certains surnoms : ce sont des *phrydes* (1) ; ils ont par ce mot laissé pressentir qu'elles ont une nature fusible ; cependant elles ne se li- quéfient jamais, malgré la matière grasse qui conserve la chaleur au-dedans, à moins qu'elles n'aient subi à fond le contact avec les pores même de la pierre meu- lière.

535 *Puissance irrésisti-*   Peut-être s'étonnera-t-on que la
ble du feu dans la   dure substance d'une pierre soit fu-
nature, en particu-
lier dans les four-   sible. Mais alors, que l'on pense aux
naises de l'Etna.   vérités que contient ton obscur petit
livre, ô Héraclite (2) : rien ne peut résister à l'attaque du feu, en qui la nature a déposé les principes de toute chose.

Est-ce là un fait si étonnant ? (3) Les corps les plus denses, dont la masse est à peu près compacte, nous les réduisons
540 bien cependant à l'aide du feu. Ne voyez-vous pas le cui- vre perdre sa résistance et succomber sous les flammes ?

(1) Mot inconnu, rétabli ici par conjecture. Ce *surnom* peut bien n'être qu'une désignation exclusivement locale, employée aux environs de l'Etna, et par suite ne figurer dans aucun des glossaires que nous possédons.
(2) Héraclite était surnommé le Ténébreux ; v. Lucrèce, I, 639 : *clarus ob obscuram linguam* ; Cicéron, *de fin.* II, 15 : *cognomento qui* σκοτεινὸς *perhibetur quia de natura nimis obscure memorauit* ; Sénèque, *Ep.,* XII, 7 : *cui cognomen fecit orationis obscuritas.* Le feu était pour lui le principe de toutes choses : ἐκ πυρὸς τὰ πάντα συνίσταται καὶ εἰς τοῦτο ἀναλύεται. Sa doctrine est attaquée par Lucrèce (I, 639 et suiv.) pour qui elle est le comble du délire : *perdelirum esse uidetur* (v. 692). On trouve des renseignements sur son « petit livre » (*libellus*) dans Diogène Laërce, IX, 5.
(3) J'admets ici le tour interrogatif, car il est à noter que l'au-

non odor *a*ut leuitas ; putris magis ille magisque ;
una operis facies eademque *per omnia terra est.

Nec tamen inficior lapides ardescere certos,
interius furere accenso*s* : haec prop*r*ia uirtus.

Qu*i*n ipsis quaedam Siculi cognomina saxis   530
inposuere *ph*r*y*da*s* et iam omine significar*u*nt
fusilis esse nota*e* ; nunquam tamen illa liquescunt,
quamuis materies foueat sucosior intus,
n*i* penitus uenae fuerint commissa molari.

Quod si quis lapid*i*s miratur fusile robur,   535
cogitet obscuri uerissima dicta libelli,
Heraclite, tui : nihil insuperabile *ab* igni
omnia qu*o* rerum natura*e* semina iacta.

Sed nimium hoc mirum ? densissima corpora saepe
et solido uicina tamen conpescimus igni.   540
Non animos aeris flammis succumbere cernis ?

529 interius HAR : -itus C ‖ accensos : -o C ‖ propria *dett. cd.*
1475 : propala CHAR *quod seruauit Sudhaus ut* ἄπαξ λεγόμενον ‖
530 quin : quiin C qin R ‖ **531** phrydas *nos* : fridicas C *quod cruci-*
bus inclusit Munro phricas H frichas AR *quod retin. cruce notatum*
Ellis fricas *dett.*; *alii alia coniec. u.g.* chytas *uel* rhytas *Scaliger* rhya-
cas *Kaibel* diphryx *Birt etc.*; *id uerbum Siciliae, ut opinor, peculiare*
latinoque sermoni ignotum optime a graeco ῥέω *uel* χέω, *quod ad*
significationem attinet, non ita bene a φρύγω *fluere uidetur ; inde*
scribendum censui fridas *vel potius propter adspirationem* phrydas (*cf.* ῥύδην, ῥυδόν, διαρρύδ᾽ην) ‖ etiam C : eciam H et A atque
R ‖ omine significarunt [*omisso* ipso] *nos* : ipso omine significarit
C ipso nomine signant HAR *alii aliter emendauerunt* ‖ **532** fusilis
C : -es HAR ‖ notae *Maehly* : -as *codd.* ‖ **533** sucosior C : succ-
H successior A succentior R ‖ **534** ni *Leclerc* : nec *codd.* ‖ fuerint : -it AR ‖ **535** lapidis *dett. Ald.* 1517 : -es CHAR ‖ fusile
C : fis- H fix- AR ‖ **536** cogitet : - ttet C ‖ **537** Heraclite tui C :
eradicet ubi H Heracliti et ubi est [est *om.* A] AR eradicet uero
SI et dicet [*uel* discet] uero *dett.* ‖ ab igni *Scaliger* : gigni *codd.* ‖
538 quo *Scaliger* : quae *codd.* ‖ naturae A *dett.* - ra CHR ‖ **541** non
animos aeris C : nam [namque AR] animo seruis HAR.

le plomb se dépouiller de sa souplesse ? Le fer lui-même,
cette substance si dure, se transforme bien cependant
sous l'action du feu; des roches compactes, garnies d'or,
laissent bien sous la voûte des fournaises, suinter le pré-
545 cieux métal (1); sans doute il y a encore dans les profondeurs du sol d'autres substances inconnues, soumises
au même sort.

Et ici, il n'est pas besoin de rien imaginer ; regardez
et jugez, vous vous rendrez à l'évidence. En effet, la
pierre meulière est dure ; elle est fermée au feu et lui
résiste, si vous voulez la brûler dans un petit foyer et à
l'air libre. Mais essayez un peu de maintenir des feux
550 bien clos dans une fournaise incandescente : elle ne peut
les supporter, elle ne tient plus contre l'attaque de son
cruel ennemi ; elle est vaincue ; ses forces s'en vont ; pri-
sonnière du feu, elle se liquéfie (2).

Pensez-vous que tout l'art des hommes puisse mettre en
action des instruments de torture (3) plus grands, que nos
555 ressources puissent alimenter des incendies aussi violents
que le sont ceux de l'Etna, de ces fournaises où brûle sans
jamais cesser d'être abondant un feu divin ? mais ce n'est
pas un feu modéré, destiné à notre usage ; non, c'est
un feu céleste, semblable à la flamme dont est armé
Jupiter lui-même. Et sa force est secondée par le souffle
560 puissant des vents violemment refoulés au dehors par des

teur varie beaucoup ses formules : apostrophes, exclamations,
appels au lecteur, interrogations, objections surtout, sont des procédés de style d'usage courant dans l'*Aetna*. Une objection ou une
interrogation paraît chose naturelle en un passage où vient d'être
affirmé un fait qui peut paraître incroyable.

(1) Littéralement: elles «suent» le métal. Cette idée de *sudor* se
trouve également dans Pline, *N. H.* XXXIII, 69 : *argentum quod
exit a fornace sudorem* (sc. *uocant*), et dans Vitruve VII, 11, 4 :
*simul aes et ea harena ab ignis uehementia conferuescendo coa-
luerint, inter se dando et accipiendo sudores a proprietatibus disce-
dunt.*

(2) Cf. note 1, p. 33. D'un bout à l'autre du poème, l'auteur a
l'idée de lutte à la pensée ; il lui faut un vainqueur et un vaincu.

(3) Encore l'idée de torture. Plus haut (v. note 2, p. 20) l'homme
était le bourreau de la terre ; ici il met les roches à la torture pour
en extraire le métal précieux (v. *suprà*, note 1).

lentitiem plumbi non exuit ? ipsaque ferri
materies praedura tamen subuertitur igni,
spissaque suspensis fornacibus aurea saxa
exsudant pretium et quaedam fortasse profundo   545
incomperta iacent similique obnoxia sorti.
Nec locus ingenio est : oculi te iudice uincent.
Nam lapis ille riget praeclususque ignibus obstat,
si paruis torrere uelis caeloque patenti.
Candenti pressosque agedum fornace coherce :   550
nec sufferre potest nec saeuum durat in hostem ;
uincitur et soluit uires captusque liquescit.

Quae maiora putas artem tormenta mouere
posse manu ? quae tanta putas incendia nostris
sustentare opibus quantis fornacibus Aetna   555
uritur ac sacro nunquam non fertilis igni ?
sed non qui nostro feruet moderatior usu,
sed caelo propior vel quali Iuppiter ipse
armatus flamma est.
                              His uiribus additur ingens
spiritus adstrictis elisus faucibus, ut cum   560

542 lentitiem A : lenit - C lentic-HR ‖ exuit : exiuit H ‖ **543** praedura : pred- C ‖ **545** exsudant : exu-H ‖**546** sorti AR *dett.*: sorte CH‖
547 ingenio Sl. *dett. ed.* 1475 : -um CHAR ‖ oculi te : oculte H‖
548 nam HAR : nec C ‖ praeclususque : precl- C perculsusque
H percuss- AR perculsus et *dett.* ‖ **549** torrere C : torre H terre
AR ‖ **550** pressosque agedum C : presso ageduma H pressoque
[prae- R] agedum AR ‖ **551** saeuum : senum H ‖ **553** artem *Ellis* :
autem CH : aurem AR ‖ mouere C : - i HAR ‖ **554** posse C : possu
in posse *corr.* H possum AR ‖ manu quae C : manuque H namque
AR ‖ **555** sustentare CHA : -i *dett. ed. Par.* 1507 ‖ quantis *Ald.*
1517 : tantis CHAR ‖ **556** ac C : a HAR et *edd. ant.* ‖ non *ed. Par.*
1507 : nec CHAR ‖ **557** moderatior : -ancior H ‖ **559** additur C :
-us HAR ‖ **560** elisus C : -is HAR.

passages trop étroits ; de même les forgerons, aux prises
avec des masses *de métal* informes, travaillent vivement,
activent le feu, chassent l'air des soufflets qui tremblent
et excitent le vent qui en sort par bouffées ininterrompues.

Tel est ce volcan si fameux ; ainsi s'embrase la célèbre
565 montagne. La terre par ses pores laisse pénétrer en elle
les éléments qui font sa force ; le souffle du vent les
comprime dans des espaces étroits ; la violence de l'incendie s'ouvre un passage à travers les plus énormes
roches.

Digression : specta-
cles que nous allons
chercher bien loin,
au lieu de contem-
pler l'Etna.

Pour voir des magnificences fort
réputées, des temples élevés à grands
frais par les hommes, pour pouvoir
parler d'œuvres d'art antiques, nous
traversons terres et mers, nous cou-
570 rons le monde, affrontant la mort de près, nous exhumons
avec passion les mensonges des vieilles légendes ; notre
fantaisie nous fait courir par toutes les nations.

Tantôt nous prenons plaisir à contempler les remparts
dont fut entourée la Thèbes d'Ogygès (1), remparts que
construisirent deux frères, l'un, homme d'action, l'autre,
harmonieux musicien, et nous avons du bonheur à revivre dans un siècle différent du nôtre ; nous revoyons avec

(1) Thèbes fut bâtie autour de la Cadmée, forteresse élevée par
Cadmus ; la légende qui se rattache à sa fondation se lit dans Ovide
Mét., III, *init.* Quant à celle d'Amphion et de Zéthus, fils de Jupiter et d'Antiope, c'est une des plus connues de l'antiquité. Amphion avait reçu d'Hermès la lyre d'or dont il jouait si merveilleu-
sement qu'à ses accents les pierres venaient d'elles-mêmes se
ranger en cadence quand il construisit les remparts de la ville :
v. Horace, *A. P.*, 394 suiv. (cf. Boileau, *A. P.*, IV, 149 suiv.). Zéthus,
son frère *impiger*, n'aimait que la chasse et la vie des champs :
(v. Horace, *Ep.*, I, 18, 39 suiv.). La mention, dans ce passage, d'O-
gygès, roi légendaire d'Attique et de Béotie, s'explique par une note
du scoliaste d'Euripide (*Phénic.*, 1113) où il est dit qu'une des
portes de Thèbes prit le nom d'Ogygès parce qu'elle fut cons-
truite par Amphion et Zéthus à côté du tombeau de ce roi. V.
aussi 'Ωγυγία πύλη dans Pausanias. — L'épithète *pii* fait sans doute
allusion à leur piété filiale. Antiope avait inspiré de l'amour au roi
de Thèbes Lycus ; la femme de Lycus, Dircé, la fit enfermer dans
une étroite prison ; les deux frères tuèrent Lycus et Dircé pour

fabriles operae rudibus contendere massis
festinant, ignes quatiunt follesque trementes
exan*im*ant pressoque instigant agmine uentum.
Haec operis fama est ; *sic* nobilis uritur Ae*t*na.
Terra foraminibus uires trahit, urguet in altum   565
spiritus, incendi ui*s* it per maxima saxa.

Magnificas laudes operosaque uisere templa
diuitiis hominum aut *artes* memorare uetustas
traducti maria et terras per proxima fatis
currimus atque auidi ueteris mendacia famae   570
eruimus cunctasque libet percurrere gentes.
  Nunc iuuat Ogygiis circumdata moenia Thebis
cernere quae fratres, ille impiger, ille canorus
. . . .
† condere † felicesque alieno intersumus aeuo :

561 operae rudibus : opera erudibus CHAR ‖ **563** exanimant :
examinant CAR ‖ uentum : uentrum [r *punct. del.*] Cuentos HAR ‖
564 sic nobilis HAR : ignobilis C ‖ uritur AR : utitur CH ‖
565 artum C : actu H arcu AR ‖ **566** uis it *Munro* : uiuit CHAR uia
fit *Ellis* ‖ **567** uisere : uiscere [*c punct. del.*C] CR ‖ **568** artes *nos* : sacras C sacra HAR ‖ memorare : -rant H‖ *Varia coni. docti* : sacra
marmora resue uetustas *Scaliger* sacris memoranda uetustis *Munro*
si quast memorare uetustas *Buecheler, alia alii* ; arcas [*pro* sacras]
pos. Ellis ‖ **569** traducti CH : tracti R traduce *dett.* ‖ [traicimus]
maria et terras *de Rooy* (*Coniect. crit. in P. Corn. Seuerum*) : materia et terris CHAR ‖ per : pro H ‖ fatis : satris [r *punct. del.*]
H‖ **573** quae C : quot H que et A que R ‖ **574** *Post. u.* 573 *lacunam
posuerunt Munro Ellis. Verbum* condere *quod legitur in codd.* cruce
*notaui quippe ubi nullam emendandi rationem quae satis placeat
inuenire potuerim; cf. tamen* A. Cartault, *Rev. de Phil.*, 1901, *p.* 344-
345 ; *alii aliter interpretari conati sunt, nonnulli parum feliciter. Versus* 574-575 *inter se traiecit Jacob quem secutus est Baehrens sed ita ut poneret in u.* 575 inuitante ausi sunt carmine...;
quam emendationem ipse receperam anno 1905, *nunc reicio.* ‖ intersumus C : intersumo H transumere AR interserit Sl *dett.* ‖

admiration ces pieux jeunes gens appelant les pierres à
575 se mouvoir par leurs chants et les accords de leur lyre,
ou bien encore cet autel où la fumée d'un sacrifice commun
se sépare en une double colonne (1) ; nous admirons les sept
chefs et *le héros* qu'engloutit le sol. Là c'est l'Eurotas qui
nous retient, c'est la Sparte de Lycurgue, c'est le nombre
sacré des soldats armés pour la guerre, troupe se suffisant
à elle-même, les Trois Cents. Ici c'est l'Athènes de Cé-
580 crops que mille poètes nous appellent à visiter, Athènes,
si heureuse de la victoire remportée par Minerve sur
son sol. Voici l'endroit où jadis, à ton retour, tu as ou-
blié, perfide Thésée, de tendre devant toi les voiles
blanches qu'attendait un père anxieux. Toi aussi, tu es
pour Athènes un sujet de poème, toi, Erigone, si célèbre
585 constellation. C'est Athènes, votre ancien séjour, qu'é-
voque Philomèle dans les bois où retentissent ses plain-
tes, tandis que toi, sa sœur, tu reçois l'hospitalité sous
les toits et que le cruel Térée vit exilé dans la solitude
des champs. Nous admirons Troie en cendres, Pergame,
cause de tant de larmes pour ses fils vaincus, les Phry-
giens succombant avec leur Hector ; nous jetons nos
590 regards sur l'humble tombeau d'un grand chef ; voici
l'endroit où reposent l'infatigable Achille et le vengeur,
vaincu, du grand Hector (2).

Bien plus, des œuvres grecques, tableaux, statues,

---

venger leur mère ; cf. Ovide, *Art d'aimer*, III, 323 : *uindex iustissime
matris.* Pausanias rapporte qu'à son époque on montrait encore les
tombeaux des deux frères, entourés de blocs de pierre, ceux-là
même qu'avait amenés la lyre d'Amphion (*Baeot.* : IX, 17).

(1) Allusion à un fait rapporté par Pausanias, IX, 18, 3 : quand
les Thébains font un sacrifice commun en l'honneur des deux fils
jumeaux d'Oedipe, Etéocle et Polynice, qui de leur vivant s'étaient
voué une haine mortelle et qui s'étaient tués l'un l'autre dans un
combat, la flamme et la fumée qui s'échappent de l'autel commun
se séparent en deux colonnes : v. Ovide, *Trist.*, V, 533 ; Hygin, *Fab.*
71b ; Lucain, I, 550 ; Stace, *Theb.*, XII, 429 sqq.; Philostrate, *Imag.*,
p. 384K, etc.

(2) Ce vengeur d'Hector est Pâris qui tua Achille en le blessant
d'une flèche au talon et qui mourut lui-même frappé d'un trait
empoisonné par Philoctète.

inuitata piis nunc carmine saxa lyraque,   575
nunc gemina ex uno fumantia sacra uapore
miramur septemque duces raptumque profundo.
Detinet Eurotas illic et Sparta Lycurgi
et sacer in bellum numerus, sua turba trecenti.
Nunc hic Cecropiae uariis spectantur Athenae   580
carminibus gaudentque soli uictrice Minerua.
Excidit hic reduci quondam tibi, perfide Theseu,
candida sollicito praemittere uela parenti.
Tu quoque Athenarum carmen, tam nobile sidus,
Erigone ; sedes uestras Philomela canoris   585
euocat in siluis ; at tu, soror, hospita tectis
acciperis ; solis Tereus ferus exulat agris.
Miramur Troiae cineres et flebile uictis
Pergamon extinctosque suo Phrygas Hectore ; paruum
conspicimus magni tumulum ducis ; hic et Achilles   590
impiger et uictus magni iacet Hectoris ultor.
  Quin etiam Graiae fixos tenuere tabellae

---

575 inuitata CAR : inuita H ‖ piis CHSl: pio AR ‖ carmine :
carne H ‖ lyraque : lyreque H ‖ **576** sacra *Scaliger* saxa [*forte e
u.* 575] *codd.* ‖ **578** Sparta *Ald.* 1534 *et edd. ant.*: sparsa *codd.* ‖
Lycurgi : lygurgi C ligurget H ligurge [lic- A] AR ‖ **579** sua : seu
R ‖ trecenti *Sudhaus* : recenti *codd.* ‖ **580** cecropiae AR : cyc- C
ceto parie [*in* cicro pie *corr. m.* 2] H ‖ Athenae R : -is CH -e [o
super prior. e *addita*] A ‖ **581** soli C : sui H sua AR ‖ **583** praemittere : prem- C perm- H prom- AR ‖ uela : uella H ‖ **584** sidus
C : fidus HAR ‖ **585** *hic uersus miris modis ut corruptissimus
emendatus est iniuria, ut mihi uidetur, si sequimur* C *paucis tantum
mutatis* ‖ uestras Philomela *nos*: uestra est phylomella C u- amphi-
lonia H u- emphiloma AR u- amphiona Sl *dett.* ‖ **586** at *Baehrens* :
et *codd. Totum uersum ut superiorem mire emendauerunt docti alii
aliter* ‖ **588** miramur : mit- H ‖ **589** extinctosque HAR : -usque
C ‖ suo C : suos HAR ‖ Hectore : haec- C hectora HAR ‖
590 tumulum : -ltum C ‖ **591** uictus C : -um HAR ‖ Hectoris :
haec- C ‖ **592** fixos tenuere tabellae *Ald.* 1517 : fixas timuere
tabellas *codd. etiam* C.

nous ont souvent tenus en contemplation (1): ici c'est
la déesse de Paphos avec sa chevelure qu'*Amphitrite*, sa
mère, asperge de ses embruns ; là c'est la Colchidienne
aux regards farouches avec ses petits enfants jouant à
ses pieds ; ailleurs des assistants éplorés autour de l'au-
595 tel où vint se placer une biche, un père se couvrant le
visage d'un voile ; ailleurs encore, ce bronze vivant,
gloire de Myron : bref, mille travaux d'artistes, avec des
foules de visiteurs, nous retiennent devant eux.

Voilà ce que vous croyez devoir aller contempler au
prix de mille risques sur terre et sur mer. Eh bien ! la
nature a produit une œuvre grandiose, regardez-là ;
600 jamais, au milieu des foules humaines, vous ne verrez si
imposant spectacle, surtout si vous restez bien en éveil,
lorsque Sirius brûle de ses feux ardents.

Episode final : érup-   Une légende merveilleuse se ratta-
tion dans Catane che cependant à la montagne et celle-
et légende des frè- ci, coupable de tant de ravages,
res pieux. n'est pas moins fameuse par l'exemple de piété que donnèrent ses feux.

Jadis en effet les cavernes de l'Etna firent éruption ;
la montagne s'embrasa et, comme si ses profondes four-
605 naises se déversaient au dehors, d'énormes vagues de
lave brûlante s'en échappèrent sur une immense étendue ; c'est ainsi que Jupiter en courroux sillonne l'éther
des traits de sa foudre et fait rouler dans le ciel brillant
des tourbillons de sombres nuées. Tout brûlait dans les

(1) Les lignes qui suivent font allusion à quatre chefs-d'œuvre
célèbres de l'antiquité : 1º la Vénus Anadyomène d'Apelle, dont
parlent entre autres auteurs Pline, *N. H.*, XXXV, 79, 87, 91, 145 ;
Ovide, *ex Ponto*, IV, 1, 29 ; *Ars am.* III, 401 ; *Trist.* II, 527 ; Ausone, *Epigr.*, 106 ; cf. les vers de Ronsard :

    Celle qu'aux bords de Chypre une conque portoit
    Pressurant les cheveux de sa teste immortelle
    Encore tout moiteux de la mer maternelle.

Placée d'abord dans le temple d'Esculape à Cos, elle fut achetée
par Auguste et mise dans le temple de Vénus Genitrix. Une autre
Vénus célèbre, celle de Praxitèle « quamu t viderunt multi na-
vigaverunt Gnidum » se trouvait encore à Gnide à l'époque de
Pline : v. *N. H.*, XXXV, 36, 24 et 28 ; XXXVI, 4, 9 ; — 2º la Médée de Timomaque, mentionnée dans Pline, *N. H.* XXXV, 136 ;

signaue ; nunc Paphiae roran*tes ma*tre capilli ;
sub truce nunc parui ludentes *C*olchide nati ;
nunc tristes circa subjecta altaria ceruae   595
uelatusque pater ; nunc gloria uiua Myronis ;
et iam *mille* manus operum turbaeque moran*tur*.

Haec uisenda putas dubius *terraque marique.
Artificis natura*e* ingens opus aspice ; nulla
*t*um tanta human*ae* p*l*ebi*s* spectacula cernes   600
praecipueque vigil, feruens ubi S*i*rius ardet.

Insequitur miranda tamen sua fabula montem
nec minus ille pio, quanquam so*ns*, nobilis ignis*t*.

Nam quondam ruptis excanduit Ae*t*na cauernis
et uelut euersis penitus fornacibus i*ngens*   605
euecta in longum lapidis feruoribus unda,
haud aliter quam cum saeuo Ioue fulgurat aether
et nitidum obscura caelum caligine torquet.

---

593 signaue CA : signa nec H signaque R ‖ Paphiae *Ald.* 1517 :
paflae CH -fle AR ‖ rorantes Sl. *dett. Ald.* 1517 : rorantia [-cia
H] CHAR ‖ matre capilli *Baehrens* : parte [= patre *per me-
tathesin Haupt Munro*] camilli CHAR parte capilli *Ald.* 1517
arte capilli *Scaliger* ‖ **594** Colchide : chol - CA ‖ **596** Myronis :
mir- H ‖ **597** et iam mille *Haupt* : etiam [et iam AR] illa CHAR
quin etiam illa *dett.* ‖ turbaeque CH : -eque A tubeque R ‖ morantur *dett. Ald.* 1534 : -er C -em HAR ‖ **598** dubius terraque *nos* :
terra dubiusque CH terrae d- AR ‖ marique *Munro* : marisque
codd. ‖ **599** naturae AR -a CH ‖ **600** tum *scripsi* : cum *codd. quod
male congruit cum indic.* cernes ‖ humanae plebis *Ellis* : humanis
phoebus [pheb- A] CHAR *et sic ed.* 1475, *sed* h- rebus *Ald.* 1534 ;
cf. plebeis *in Rhed.* 60 ‖ **601** feruens : ferues H ‖ Sirius : Syr- C ‖
ardet : ardens HAR ‖ **603** sons *prop. Barth in Aduers.* xxxii, 16 :
sors *codd.* ‖ ignist *Munro* [*iam* igni est *Jacob*]: ignis *codd. Totus
uersus uarie emendatus est* ‖ **604** quondam C : quando HAR ‖
605 ingens *Scaliger* : ignes CHAR ‖ **606** euecta C : et uecta HAR ‖
lapidis CH : rapidis AR *dett.* ‖ **607** fulgurat : -orat H.

champs : récoltes, moissons ondulant sur les terres en
610 culture, cultivateurs même ; forêts et collines, le feu
ruinait tout devant lui. L'ennemi paraissait à peine
avoir quitté son camp; on tremblait d'effroi et déjà il
avait franchi les portes de la ville voisine. Alors chacun,
suivant son penchant et ses forces, court au sauvetage,
s'efforce de mettre ses biens en sûreté. L'un gémit sous
615 le poids de l'or qu'il emporte ; l'autre rassemble ses
armes qu'il place,le pauvre sot,sur ses épaules(1); celui-
ci succombe sous la charge de ses poèmes qui retardent sa
marche ; celui-là se sauve rapidement sous un bien mo-
deste fardeau, c'est un pauvre ; bref, chacun prend
ce qu'il a de plus cher et s'enfuit.

Mais c'est un butin perdu, qui ne suit pas son maître ;
ceux qui s'attardent, le feu les dévore ; de toute part il
620 brûle ces avares ; il les poursuit quand ils croient lui
avoir échappé, eux et leurs richesses ; il en fait sa proie ;
il pétille ; ce sont les aliments d'un incendie qui n'épargnera personne ou du moins qui n'épargnera que les frères
pieux.

En effet, deux nobles fils, Amphinomus et son frère,
vaillants tous deux en présence d'un même devoir, au

elle était à Cyzique ; elle fut achetée 80 talents par César et placée dans le temple de Vénus Genitrix entre 42 et 44 avant J.-C. ;
cf. Ausone, *Epigr.* 129 et 130 ; — 3° l'Iphigénie de Timanthe :
v. Pline, *N. H.*, XXXV, 73 : *qua* (sc. *Iphigenia) stante ad aras,
cum moestos pinxisset omnes..., et tristitiae omnem imaginem con-
sumpsisset, patris ipsius uultum uelauit quem digne non poterat
ostendere* ; cf. Cicéron, *Orat.*, 22 ; Quintilien, II, 14 ; Valère-Ma-
xime, VIII, 11. Une peinture murale de Pompéi au musée national
de Naples nous montre la biche planant au-dessus de l'autel où
doit être sacrifiée Iphigénie (Baumeister, *Denkmäler*, I, 755) ;
— 4° la génisse de Myron, qui nous est connue par Pline, XXXIV,
57; v. Properce, II, 31, 7 :
Atque aram circum steterant armenta Myronis
Quatuor artificis, uiuida signa, boues.
Elle est louée dans une quarantaine d'Epigrammes de l'Anthologie
et dans onze d'Ausone qui les reproduisent en partie.
(1) Passage ironique, il semble. A quoi bon des armes contre un
pareil fléau ? Les expressions se retrouvent presque textuellement
dans Conon : καὶ φεύγοντες ὡς εἶχον τάχους οἱ μὲν χρυσόν, οἱ δὲ
ἄργυρον ἔφερον, οἱ δὲ ὅτι ἄν τις βούλοιτο ἐπικούρημα τῆς φυγῆς.

Ardebant agris segetes et mollia cultu
iugera cum dominis, siluae collesque *ru*ebant.   610
Vixdum castra putant hostem *m*ovisse ; tremebant
et iam finitimae portas euaserat urbis.

Tum uero ut cuique est animus uires*que* rapinae,
tutari conantur opes : gemit ille sub auro ;
colligit ille arma et stulta ceruice reponit ;   615
defectum raptis illum sua carmina tardant ;
hic uelox *m*ini*m*o properat sub pondere pauper
et quod cuique fuit cari fugit ipse sub illo.

Sed non incolumis dominum sua praeda secuta est :
cunctantis *ignis uorat ; undique torret auaros ;   620
consequitu*r* fugisse rato*s* et praemia ; captis
concrepat : *h*aec nullis parsura incendia pascunt
uel solis *p*arsura *p*iis.
                          Namque optima proles
Amphino*m*us fraterque pari sub munere fortis,

609 agris CAR : aruis H *dett.* ‖ mollia *dett.*: millia CR milia HA ‖
610 dominis : domibus R ‖ ruebant *Wagler Sudhaus* : urebant
C uir- HAR uirentes *dett.* rubebant *Munro Ellis* ‖ **611** mouisse :
nouisse C ‖ ‖ **613** animus uiresque rapinae *Ellis* : a- uirescera pi-
nae C animis uiresque rapinis H -us -que -a *Ald.* 1534 uires ani-
musque rapinae AR ‖ **614** opes C : opus HAR ‖ **616** minimo
Dorat : nimio *codd.* ‖ **618** quod cuique : quod cumque AR ‖ sub
illo : sub ille H ‖ **619** secuta est : secum est H ‖ **620** cunctantis
C : cum tantos [-us H] HAR ‖ ignis uorat *scripsi ut seruetur in
uu.* 620-622 *asyndeton quod frequens est in carmine* : uorat [norat
H] ignis et *codd.* ‖ torret : terret H ‖ **621** consequitur HAR :
-turque C ‖ ratos *dett.*: ratis CHAR ‖ **622** concrepat CHAR : increpat *dett.* concremat *Dorat quod retin. Baehrens Ellis* ‖ haec *Leclerc* : ac CH et AR ‖ nullis parsura : nulli sparsura CHAR ‖
623 solis *bis in* H ‖ parsura *dett.* : spar- CHAR ‖ piis *dett. Ald.*
1517 : dees CH *omis.* AR deis *ed.* 1475 ‖ **624** Amphinomus AR :
-phion CH *dett.* ‖ fortis A : -tes *dett.* fontis CH *quod tutati sunt tum
Buecheler tanquam parentes humi procubuissent dum aquam ad
restinguendum incendium ex fonte petitam ferrent, tum Raderma-*

625 moment où éclatait dans les maisons voisines le crépi-
tement de l'incendie, aperçoivent, incapables d'efforts,
leur père et leur mère que la vieillesse, hélas ! arrêtait
épuisés sur le seuil de leur porte (1). — Cessez, ô troupe
d'avares, cessez d'enlever vos riches butins ! — Pour
eux, pas d'autres richesses que leur père et leur mère ;
630 voilà le butin qu'ils enlèveront : ils se hâtent de l'emporter à travers les flammes qui elles-mêmes leur ga-
rantissent le salut. O piété, la plus grande des vertus,
vertu qui est à juste titre la meilleure sauvegarde pour
l'homme ! Les flammes eurent honte d'atteindre ces
pieux jeunes gens ; partout où ils portent leurs pas, elles
reculent.

635 O heureux jour ! heureuse terre, qui respecte la vertu !
A droite, à gauche sévit l'incendie redoutable ; mais
chacun des deux frères passe à travers les feux, triom-
phants, à l'abri tous les deux sous leur pieux fardeau,
faisant reculer les flammes qui près d'eux et autour d'eux
contiennent leur avide fureur. Sains et saufs ils s'éloignent
640 enfin, emportant avec eux leurs divinités sauvées du
danger (2).

(1) Ici commence l'épisode bien connu des pieux frères de Catane,
rapporté en particulier par Strabon, Pausanias, Sénèque, Valère-
Maxime, Solin, Elien, Martial, Claudien qui lui consacre toute une
pièce de vers (*Carm. min.*, XXXIX : de piis fratribus et statuis
eorum quae sunt apud Catinam).Leurs noms varient : Philonomus,
Amphion, Amphinomus pour le premier, Callias, Anaphias, Anapias, Anapus pour le second. Ausone rappelle leur souvenir dans
son *Ordo nob. urb.* XI ; v. le récit du prodige dans Sénèque, *de
Benef.*, III, 37.

(2) V. dans Ovide, *Mét.*, XV, 861, le pieux Enée ayant pour
l'accompagner, quand il emporte son père Anchise, les dieux
  quibus ignis et ensis
 Cesserunt.
Pour les frères de Catane, leurs dieux sont leur père et leur mère.
   Toute cette description, depuis le vers 603, est d'une réelle
beauté. Certains passages, où le poète fait un emploi continuel de
l'asyndète, sont particulièrement poétiques. Telle est la peinture
des ravages du fléau, résumés en quatre phrases brèves formant
gradation ; telle est la série de détails très bien ordonnés des vers
635-640, formant un tableau complet : 1º un fait général : l'incen-

cum iam *ui*cinis streperent incendia tectis,   625
aspiciunt pigrumque patrem matremque sene*cta*
eheu ! defessos posuiss*e in* limine membra.
— Parcite, auara manus, *dites* attollere praedas ! —
Illis diui*tiae* solae materque paterque ;
hanc rapie*nt* praedam mediumque exire per ignem   630
ipso dante fidem properant. O maxima rerum
et merito pietas homini tutissima uirtus !
Erubuere pios iuuenes attingere flamma*e*
et qu*a*cumque ferunt illi uestigia cedunt.

Felix illa dies, illa est innoxia terra !

Dextra saeua tenent laeuaque incendia ; fer*tur*   635
ille per obliquos ignis fraterque triumphans ;
tutus uterque pio sub pondere sufficit ; illa
et circa geminos auidus sibi temperat ign*is*.
Incolumes abeunt tandem et sua numina secum   640
salua ferunt.

---

cher (Rh. Mus. N. F. ʟɪɪ Bd. 1897, p. 626) *qui collato Cononis simili
loco intelligit* : fontis (*nom. sc.* ignis) cum... streperent incendia
(*acc.*) [*cf.* Aetna, 484,492, 494, 511] sortis R ǁ **625** uicinis : incinis
C ǁ **626** senecta [*sc.* membra] *Scaliger, sed malo* senecta (*abl.*) [*sc.*
defessos *u.* 627 ; -am *de Rooy*] : senemque CHAR sequentem
Ellis senentem *Baehrens* ǁ **627** eheu C : seu H seu iam AR heuheu
dett. ǁ defessos : -fossos C -fesso AR ǁ posuisse in *Scaliger* : pos-
[poss- R]uissent CHAR ǁ **628** manus dites *Ald.* 1517 : mandu-
ces [n *super* es *addita*] C manus dicens HAR ǁ attollere C : -llite
HA -lite R ǁ **629** diuitiae AR : diuinae C - e H ǁ **630** rapient
Ellis : -ies CHAR -iunt *dett.* ǁ **631** maxima : -me [a *super* e *addita*]
C *cf. notam ad u.* 268 ǁ **633** flammae AR : -a C -am H ǁ
634 quacumque AR : quaec- CH ǁ **635** illa es⁺ : illa *om.* H ǁ
terra C : terrae HAR ǁ **636** dextra *edd. ant.*: dextera CHAR ǁ tenent AR : -et CH ǁ laeuaque : leu- C ǁ fertur *coni. Buecheler* :
ferunt [e *super* un *addita* C] CHAR ǁ **637** ignis : signis H ǁ
fraterque *ed. Asc.* 1507 : fratremque CHAR. *Post hunc u. lacunam
unius uersus not. Munro* ǁ **637** illa C : -am HAR ǁ**639** geminos :
-es C ǁ ignis : -es CA.

Ils reçoivent des hommages d'admiration dans les chants des poètes ; ils ont obtenu, sous un nom glorieux, une place séparée chez Pluton. Des jeunes gens aussi vertueux ne subissent pas une destinée vulgaire ; ils ont eu en partage un séjour exempt d'inquiétude et les droits réservés aux hommes pieux.

die sévit partout ; 2° une succession de faits particuliers ; 3ᵛ un résultat final : les frères s'éloignent et échappent au danger. Le tout se termine par une conclusion d'une haute moralité.

Illos mirantur carmina uatum ;
illos seposuit claro sub nomine Ditis
nec sanctos iuuenes attingunt sordida fata :
securae cessere domus et iura piorum.

642 illos seposuit *Scaliger* : illose posuit C ille se po- HAR ‖ ditis :
dictis R ‖ **643** fata AR *dett.* : facta CH ‖ **644** securae *Munro* : sed
curae C sed iure HAR ‖ cessere : cesere H ‖ PVBLII VIRGILII
MARONIS AETHNA FINIT *tum paulo infra grandioribus litteris*
SCRIPTOR QVI SCRIPSIT C ; P.Vergilii Aethna explicit R
nihil habent HA.

AVCTORES ET IMITATORES

—

Colliguntur latinorum poetarum ab Ennio ad Apollinarem Sidonium aliquot loci qui digni uisi sunt quos cum Aetnae carminis versibus aut sententiis conferas.

[Breuitatis causa plerumque scripsi *B* = *Bucolica*, *G* = *Georgica*, *F* = *Fasti*.]

1. LVCR. II 214 : abrupti nubibus ignes ; VI 202 : rotant... cauis flammam fornacibus intus ; 681 : flamma foras vastis Aetnae fornacibus efflet. — VERG. *Georg.* I 472 : undantem ruptis fornacibus Aetnam ; IV 263 : aestuat... clausis rapidus fornacibus ignis ; *Aen.* III 199 : abruptis nubibus ignes ; 579 : Aetnam / impositam ruptis flammam exspirare caminis. — LVCAN. VI 743 : immittam ruptis Titana cauernis. — VAL. FL. IV 507 : prorupti.. Veseui. — PETRON. *B. C.* 154 : rupta tonabant / uerticibus lapsis montis iuga ; — GRATT. 432: ruptique ambustis faucibus amnes.

2 sqq. LVCR. VI 680 sq. : illa modis quibus inritata repente / flamma foras e. q. s. (*cf. u.* 1) ; — VERG. *Georg.* I 1 sqq.: quid faciat... quo sidere... quae cura... qui cultus... quanta experientia... hinc canere incipiam ; *Aen.* II 706 : aestus incendia uoluunt ; — CLAVD. *R. Pr.* I 170 sq. : quae scopulos tormenta rotant ? quae tanta cauernas / uis glomerat ? quo fonte ruit Vulcanius amnis ?

3. VERG. *Aen.* I 54 : illi indignantes... fremunt.

4. VERG. *G.* I 18 : adsis, o Tegeaee, fauens ; — *Culex*
12 : Phoebus erit nostri princeps et carminis auctor ; —
HORAT. *Sat.* I, 10, 66; *Ep.* II, 3, 45: carminis auctor;—
OVID. *F.* I 67 et 69 : dexter ades; — TIB. II, 4, 13 : nec
carminis auctor Apollo ; — PROP. IV, 1, 47 : nobis et
Baccho et Apolline dextro;—STAT. *Silu.* V, 1, 14 : modo
dexter Apollo... annuat; — *Carm. de Laud. Herc.* 10 :
Alcides mihi carmen erit.

5 sqq. VERG. *G.* IV 7 : si... audit... uocatus Apollo;
Aen. IV 143 sq.: qualis ubi hibernam Lyciam Xanthique
fluenta / deserit ac Delum maternam invisit Apollo ; —
Culex 13-15 : siue... seu... seu e. q. s.; — MART. IV, 44,
5 : haec Veneris sedes Lacedaemone gratior illi ; — STAT.
Silu. I 696 sqq. : Phoebe parens, seu te Lyciae Pataraea
nivosis / exercent dumeta iugis, seu... seu... seu...— Cf.
APOLL. RHOD. I 307 sqq : οἷος δ'ἐκ νηοῖο θυώδεος εἶσιν
'Απόλλων / Δῆλον ἀν' ἠγαθέην, ἠὲ Κλάρον, ἢ ὅγε Πυθώ, / ἢ
Λυκίην εὐρεῖαν ἐπὶ Ξάνθοιο ῥοῇσιν.

7 sq. LVCR. I 926: auia Pieridum peragro loca nullius
ante /trita solo e. q. s.; cf. IV 1 sqq.;—VERG. *G.* III 3 sq.:
cetera... omnia iam uulgata; 10 sq.: primus ego in patriam
mecum... Aonio rediens deducam uertice musas ; 291 sq.:
me Parnasi deserta per ardua montis / raptat amor e. q. s.;
—*Culex* 18 : quare, Pierii laticis decus, ite sorores;—HO-
RAT. *Carm.* I, 30, 6: properentque nymphae; — MAN. I,
4 sq.: aggredior primus... nouis Helicona mouere /canti-
bus... hospita sacra ferens nulli memorata priorum; III,
1 sqq. : in noua surgentem maioraque uiribus ausum...
ducite, Pierides; cf. I, 113 sq.: hoc mihi surgit opus nullis
ante sacratum / carminibus; faueat magno Fortuna labori;
— NEMES. 5 sqq.: Castaliusque mihi noua pocula fontis
alumno/ingerit... ducitque per auia, quae sola nunquam
trita rotis...

8. *Culex* 36 : uersus Phoebo duce ludere gaudet.

9 sqq. VERG. *B.* IV 6 : redeunt Saturnia regna ; *G.* II,
538 : aureus... Saturnus ; III, 4 sqq. : quis aut Eurysthea
durum/aut illaudati nescit Busiridis aras ? e. q. s.; *Aen.*
VI, 792 sqq.: Augustus Caesar... aurea condet / saecula qui
rursus Latio regnata per arva / Saturno quondam e. q. s. ;

VIII, 324 : aurea quae perhibent illo sub rege fuere saecula ; XII 826 : Albani per /saecula reges ; — Ovid. *Met.* I, 99 sq.: sine militis usu mollia securae peragebant otia gentes ; — Germ. *Arat.* 103 : aurea pacati regeres cum saecula mundi ; — Calp. *Ecl.* I 42 : aurea secura cum pace renascitur aetas ;— Mart. XII 62, 1-2: antiqui rex magne poli mundique prioris / sub quo pigra quies nec labor ullus erat.

10 sqq. Verg. *G.* I 125 : ante Iovem nulli subigebant arua coloni ; II 10 : nullis hominum cogentibus... sponte sua ueniunt (*sc.* arbores) ; — Ovid. *Met.* I 101 sq.: ipsa quoque immunis rastroque intacta nec ullis /sauciauome-ribus per se dabat cmnia tellus e. q. s.; *Fast.* IV, 395 : messis erat primis... mortalibus herbae ; — Clavd. *in Ruf.* I 381 sqq.: tum tellus communis erit ; tum limite nullo / discernetur ager,nec uomere sulcus adunco /finde-tur ; subitis messor gaudebit aristis; /rorabunt querceta fauis ; stagnantia passim / uina fluent oleique lacus e. q. s; *Stil.* I, 85 : mellisque lacus et flumina lactis /erupisse solo.

11. Verg. *G.* I 69 : officiant laetis ne frugibus herbae.

12. Verg. *G.* I 49 : immensae ruperunt horrea messes ; II 518 : prouentu... oneret sulcos atque horrea uincat ; — Man. III 152 : Cererem plena uincentem credita messe ; — Lvcan. III 67: nec Romana magis complerunt horrea terrae.

13 sq. Verg. *B.* IV 30 : durae quercus sudabunt ros-cida mella; *G.* I 131 sq.:mella...decussitfoliis... /et passim riuis currentia uina repressit ;—Ovid. *Met.* I 111 sq.: flu-mina iam lactis, iam flumina nectaris ibant / flauaque de uiridi stillabant ilice mella; *Am.* III,8, 39-40 : curuo sine uomere fruges /pomaque et in quercu mella reperta caua;— Tib. I, 3, 45 sq.: ipsae mella dabant quercus ul-troque ferebant /obuia securis ubera lactis oues ;— Man. III, 662: tum Liber grauida descendit plenus abulmo;— Hor. *Carm.* II,19,10 sqq.: uinique fontem lactis et uberes / cantare riuos atque truncis / lapsa cauis iterare mella; *Epod.* XVI 47 : mella caua manant ex ilice ; — Calp. *Ecl.* X 63 : quin etiam deus ille... et plantis uuas premit ; cf.

Culex 17 : pede labitur unda;—MAN. III 153 : Bacchum...
fluentem.

15 VERG. *G.* I 83 : nec nulla... est inaratae gratia terrae; I 127 sq.: ipsaque tellus / omnia liberius nullo poscente
ferebat ; I 168 : diuini gloria ruris.

16 sqq. IUVEN. I 7 sqq.: nota magis nulli domus est
sua quam mihi lucus / Martis et Aeoliis uicinum rupibus
antrum / Vulcani e. q. s.; cf. 14: exspectes eadem a summo
minimoque poeta.

17 sqq. PROP. V, 10,25 sq.: ultima praeda / Nomentum;
— MAN. III 9 : Colchida nec referam uendentem regna parentis ; — CLAVD. *B. get.* I 15 sqq.: licet omnia vates / in
maius celebrata ferant e. q. s.

18. VERG. *Aen.* X 56 : Argolicos... per ignes.

18 sqq. OVID. *A. am.* I 335 sq. : cui non defleta est
Ephyreae flamma Creusae / et nece natorum sanguinolenta
parens e. q. s.; — MANIL. IV 63 sqq. : quid memorem
euersas urbes rerumque ruinas / ... Priamumque in litore
truncum / cui nec Troia rogus.

19. PROP. II, 1, 19 : Ossan Olympo impositam ; —
LUCR. III, 72 : in tristi funere fratris;—VERG. *B.* VIII, 48 :
saeuus Amor docuit natorum sanguine matrem / comma-
culare manus ; — CAT. LXIV, 349 : gnatorum in funere
matres ; — ITAL. *Il. lat.* 150 : extremo natorum funere
matrem ; — NEMES. *Cyn.* 15 : nam quis non Nioben
numeroso funere moestam / iam cecinit ?

20. OVID. *Am.* III, 12, 35 : Protea quid referam Theba-
naque semina dentes ? 39 : auersumque diem mensis
furialibus Atrei ; *Met.* III 105 : spargit humi iussos,
mortalia semina, dentes e. q. s.; *Her.* VI 33 : uipereos dentes in humum pro semine iactos; cf. *Met.* IV 572 : uipereos sparsi per humum, noua semina, dentes ; — MANIL.
III 19 : natorumque epulas conuersaque sidera retro / erep-
tumque diem ; V 462 : solemque reuersum / et caecum
sine sole diem;—SENEC. *Thy.* 1035 : hoc egit diem / auer-
sum in ortus ; — NEMES. *Cyn.* 40: condentemque caput
uisis Titana Mycenis ; — CLAVD. *B. Gild.* 339 : Hoc facinus... avertit... diem e. q. s.; *B. get.* I 26 : in segetem
crescentis semina belli.

21 sq. Ovid. *Met.* VIII 174 sqq. : protinus Aegides rapta Minoide Diam /uela dedit comitemque suam crudelis in illo / litore deseruit : desertae et multa querenti /... opem Liber tulit ; cf. *A. am.* I 527 sqq.; *Her.* X 19 sqq.; — Cat. LXIV, 57 : desertam in sola miseram se cernat arena ; 133 : deserto liquisti in litore ; 168 : nec quisquam adparet vacua... in alga ; — Tib. III, 6, 40 sq. : Gnosia, Theseae quondam periuria linguae / fleuisti ignoto sola relicta mari ; — Prop. I, 3, 2, languida desertis Gnosia litoribus; — Pentad. *El. de Fort.* 23 : sola relicta toris fleuisti in litore Gnosis.

23. Manil. II 37 : quorum carminibus nihil est nisi fabula caelum ; 50 : omnis ad accessus Heliconis semita trita est;—Nemes. *Cyn.* 46 sq.: haec iam magnorum praecepit copia uatum / omnis et antiqui uulgata est fabula saecli.

24. Lvcr. V 1207 : oppressa... in pectore cura ; cf. VI 645;— Verg. *Aen.* I 227 : iactantem pectore curas; IV 448 : persentit pectore curas ; V 701 : pectore curas... uersans.

26 sqq. Lvcr. III 38 : funditus humanam... uitam turbat ab imo ; VI 151 : uritur ingenti sonitu ; 442 : excitat ingenti sonitu; VI, 690 sqq.: fert... ardorem longe longeque fauillam / differt... extruditque simul mirando pondere saxa ; — *Cons. ad L. de m. Dr.* 251 : in longum spatiosas explicat undas ; — Ovid. *Met.* XV 250 : ignis... densum spissatus in aera transit ; — Verg. *G.* II 306 : ingentem caelo sonitum dedit ; *Aen.* II 610 sqq: Neptunus muros magnoque emota tridenti /fundamenta quatit totamque a sedibus urbem /eruit; III,575 sqq. : interdum scopulos auulsaque uiscera montis / erigit eructans liquefactaque saxa sub auras / cum gemitu glomerat fundoque exaestuat imo ; V 810 : uertere ab imo... moenia ; X 513 : proxima quaeque ; XI 613 ruina /dant sonitum ingenti.

28. Verg. *G.* II 485 : rigui... amnes; IV 32 : irriguum (*act. sensu*)... amnem ; *Aen.* VIII 400 : si... haec tibi mens est ; — Ovid. *Am.* II, 16, 2 : irriguis (*act. sensu*)... aquis ; — Tib. II, I, 44 : irriguas (*act. sensu*)... aquas ; — Calp.

II, 35 : irriguis (*act. sensu*) ...canalibus ; cf. 49 : irriguo... fonte.

29. Principio (*ineunte uersu*)*tricies apud* Lvcr.: I 271, 503, 834 ; II 937, 1048 ; III 179 ; IV 183, 617, 643, 724, 916, 932 ; V 92, 200, 235, 251, 510, 783, 801, 862, 883 ; VI 96, 608, 740, 769, 921, 942, 962, 1002, 1145 ; *septies apud* Verg.: *G.* II 9 ; IV 8 ; *Aen.* IV 56, VI 214, 724 ; IX 762 ; X 258. V. Alzinger, *Studia in Aetnam collata*.

30. Lvcr. V 146 : credere sedes /esse deum ; — Verg. *Aen.* VII 786 : Aetnaeos efflantem faucibus ignes ; VIII 267 : exstinctos faucibus ignes ;—Clavd. *R. Pr.* I 171 : quo fonte ruit Vulcanius ignis.

31. Verg. *Aen.* III 674: curuis... immugiit Aetna cauernis ; VIII 419 sq. : antra Aetnaea tonant ualidique incudibus ictus / auditi referunt gemitus striduntque cauernis ; — Sen. *Thy.* 579 : resonat cauernis.

32. Verg. *Aen*.VIII 439 sqq.: tollite cuncta,...nunc uiribus usus /nunc manibus rapidis,... praecipitate moras.

32 sqq. Lvcret. II 646 sqq. ; diuom natura necesse est / immortali aeuo summa cum pace fruatur /semota ab nostris rebus seiunctaque longe ; — Hor. *Ep.* I, 5, 100 sqq.: namque deos didici securum agere aeuum / nec, si quid miri faciat natura, deos id / tristes ex alto caeli demittere tecto ;—Lvcan. V 340 sq. : nunquam sic cura deorum /se premet ut uestrae morti uestraeque saluti / fata uacent.

34. Ovid. *Met.* IV 622 : ex alto seductas aethere longe despectat terras.

38-39. Verg. *B.* VI 27 : in numerum... ludere ; *G.* III 172 : ualido nitens sub pondere... axis instrepat ; IV 173 : gemit impositis incudibus Aetna; / illi inter sese magna ui bracchia tollunt / in numerum ; cf. *Aen.* VII 451 sqq. (*item sed* antrum *pro* Aetna).

40. Ovid. *F.* III 64 : ut credar pignora certa dabo ; *Met.* II 38 : pignora da, genitor, per quae tua uera propago / credar ; — Gratt. *Cyn.* 300 : haec de pignoribus nec te mea carmina fallent.

41 sqq. Cf. totum locum Manilii I 421 sqq. de Gigantomachia.

41. Sɪʟ. ɪᴛᴀʟ. XIV, 65: assidue subnascens... ignis ; —
Lᴠᴄᴀɴ. III, 681 : ignis... uiuax;—Cʟᴀᴠᴅ. *R. Pr.* I 154:
inexhaustum sulphur ; — Oᴠɪᴅ. *F.* V 40: magnum bello
sollicitare Iouem.

42. Sᴛᴀᴛ. *Ach.* I 484 : sic cum bellantes Phlegraea in
castra coirent / caelicolae.

43 sqq. Lᴠᴄᴀɴ. III, 316: si terrigenae temptarent astra
Gigantes ;— Hᴏʀ. *Carm.* III, 4, 49 sqq.; magnum illa terro-
rem intulerat Ioui / fidens iuuentus horrida bracchiis e.
q. s.; — Oᴠɪᴅ. *F.* V 35 sqq.: Gigantes... ausuros in Iouis
ire domum e. q. s.; *Met.* I, 183 sq.: quas centum quisque
parabat / inicere anguipedum captiuo bracchia caelo ; —
Gʀᴀᴛᴛ. *Cyn.* 62 sq.: illi aggeribus temptare superbis /
aethera et ah ! matres ausi attrectare deorum ; — Cʟᴀᴠᴅ.
B. Get. I, 68 sqq.: cum gemini fratres.. in astra negatas /
tentarint munire uias e. q. s.; *Gigant.* 4 sq.: Phlegram-
que retexit / tanta prole tumens e. q. s. Cf. Apoll. Sid.
I, 74 sqq.

44 sqq. Lᴠᴄʀ. V 117 sqq. *ubi agitur de Gigantibus* ; —
Vᴇʀɢ. *G.* I, 280 : coniuratos caelum rescindere fratres ;
Aen. VI 584 sq.: manibus magnum rescindere caelum /
aggressi superisque Iouem detrudere regnis ; cf. *G.* I 60 :
leges... imposuit natura;—Oᴠɪᴅ. *Met.* XIV 811: imponere
caelo ;— Pʀᴏᴘ. V, 5, 13 : cantatae leges imponere lunae ;
— Lᴠᴄᴀɴ. VI 317 : temptauere leges imponere lunae.

46-47. Vᴇʀɢ. *G.* II 153 sq. : nec rapit immensos orbis
per humum neque tanto / squameus in spiram tractu se
colligit anguis ; *Aen.* II 208 : sinuat... immensa uolu-
mine terga ; — *Culex* 167 : squamosos late torquebat
motibus orbis ; — Oᴠɪᴅ. *F.* V. 37 : pro cruribus angues ;
—Mᴀɴɪʟ. I 332 sqq.: toto urgens corpore corpus / explicat et nodos sinuataque terga per orbes / respicit ; 429 :
discordes vultu permixtaque corpora partus (*quem tamen
u. spurium put. Bentley*); 432 sq.: Cetus conuoluens squa-
mea terga / orbibus insurgit tortis et fluctuat aluo.

48. Oᴠɪᴅ. *F.* V 39 : exstruere hi montes ad sidera
summa parabant.

49. Vᴇʀɢ. *G.* I 281 sq.: ter sunt conati imponere Pelio
Ossam... atque Ossae frondosum inuoluere Olympum;—
Hᴏʀ. *Carm.* III, 4, 51 : fratres... tendentes opaco /Pelion

imposuisse Olympo ;— Ovɪᴅ. *F.* I 307 : non ut ferat Ossan
Olympus / summaque Peliacus sidera tangat apex ; cf.
III, 441 ; *Am.* II, 1, 13 sq.: ingestaque Olympo /ardua
deuexum Pelion Ossa tulit ; — Pʀᴏᴘ. II, I, 19 : Ossan
Olympo / impositam ut caeli Pelion esset iter ; — Sᴛᴀᴛ.
Silu. III, 2, 65 sqq.: summae gelidum... Pelion Ossae /
iunxit anhelantemque iugis bis pressit Olympum ; —
Sᴇɴ. *Agam.* 337 : stetit imposita / Pelion Ossa ; pinifer
ambos / pressit Olympus.

50. Rᴠᴛ. Nᴀᴍ. I 99 sq.: hos potius dicas creuisse in
sidera moles : / tale giganteum Graecia laudat opus.

51. Vᴇʀɢ. *B.* I 70 : impius... miles ; — Hoʀ. *Carm.* II,
19, 21 : cum parentis regna per arduum / cohors Gigantum
scanderet impia ; — Lᴠᴄᴀɴ. VI 151 : impius et *ineunte
uersu*; — Hoʀ. *Carm.* II, 12, 6 sq. : unde periculum / fulgens contremuit domus / Saturni ueteris; — Cʟᴀᴠᴅ. *Gig.*
7 : iam dextras in bella parant superosque lacessunt.

52-53. Ovɪᴅ. *F.* VI 322 : conuocat aeternos ad sua
festa deos, / convocat et satyros.

54 sq. Vᴇʀɢ. *G.* I, 328 : ipse Pater media nimborum
in nocte corusca / fulmina molitur dextra ; *Aen.* II 552 :
dextraque coruscum (*sc.* ensem) ; VI, 288 : flammis...
armata Chimaera; — Hoʀ. *Carm.* III, 4, 49 : magnum ter-
rorem intulerat Ioui /... iuuentus; cf. *Carm.* I, 2, 2 : pater...
rubente /dextera iaculatus arces ; — Ovɪᴅ. *F.* II 493 :
remouent subeuntia nubila caelum ; III, 439 : fulmina
post ausos caelum affectare Gigantes / sumpta Ioui;
Am. II, 1, 15 sq.: in manibus nimbos et cum Ioue fulmen
habebam / quod bene pro caelo mitteret ille suo; *ex Pont.*
IV 8, 59 sq.: affectantes caelestia regna Gigantes / ad
Styga nimbifero uindicis igne datos ; — Mᴀɴɪʟ. I, 429 :
dubitauit Iuppiter ipse / quod poterat non posse timens ;
II 46 : quin etiam tenebris immersum Tartaron atra / in
lucem de nocte uocant ; — Sᴇɴᴇᴄ. *Hipp.* 1136 : metuens
caelo Iuppiter alto / uicina petit; cf. 156 : uibrans corusca
fulmen Aetnaeum manu; — Lᴠᴄᴀɴ. I, 541 sqq: condidit
ardentes atra caligine currus / inuoluitque orbem tenebris gentesque coegit / desperare diem ; — Cʟᴀᴠᴅ. *B.*

Get. I 63: ipsumque Iouem turbante Typhoeo,/ si fas est, tremuisse ferunt.

56. VERG. *Aen.* X 716 : uasto clamore lacessunt ; — OVID. *Met.* XII 494 : ecce ruunt vasto rapidi clamore bimembres.

57. VERG. *G.* III 294 : magno nunc ore sonandum ; *Aen.* IV 510 : ter centum tonat ore deos; VI 607: intonat ore ; VII 141 : Pater omnipotens ter caelo clarus ab alto / intonuit ; XII 692 : magno... incipit ore ; — CLAVD. *R. Pr.* I 83 : .tunc talia celso / ore tonat.

58. VERG. *G.* I 333: ingeminant Austri et densissimus imber ; *Aen.* I 82 : uenti uelut agmine facto... ruunt ; X 356 : magno discordes aethere uenti ; — TIB. IV, 1, 124 : et fera discordes tenuerunt agmina uenti.

60. VERG. *Aen.* V 100 : quae cuique est copia ; X 107 : quae cuique est fortuna ; — MANIL. I 60 : sua cuique potentia formae.

61. LVCAN. : I 6 : in commune *ineunte uersu.*

62. OVID. *Met.* III 564 : cetera turba suorum ; — TIB. IV, 4, 24 : pia turba deorum.

63. OVID. *Met.* VII 9 : concipit... ualidos Aeetias ignes.

64. VERG. *G.* I 283 : ter Pater exstructos disiecit fulmine montes : — OVID. *Met.* I 154 : tum Pater omnipotens misso perfregit Olympum / fulmine.

65. OVID. *Tr.* III, 5, 6 : uersaque amicitiae terga dedere meae.

67-68. HOR. *Carm.* III, 4, 73 : iniecta monstris Terra dolet suis /maeretque partus fulmine luridum /missos ad Orcum ; — STAT. *Silu.* II, 1, 173 : materque iacentis moesta.

68. *Octauia* 4: mundoque /diem reddidit (*sc.* Titan).

69. VERG. *G.* II 342 : sidera caelo ; IV 58 : ad sidera caeli ; cf. *Aen.* I, 259.

70. OVID. *F.* V 43 : his bene maiestas. armis defensa deorum.

71 sqq. VERG. *Aen.* III, 578 sqq.: fama est Enceladi semustum fulmine corpus / urgeri mole hac ingentemque insuper Aetnam impositam e. q. s.; cf. *G.* IV, 263 : aestuat... ignis ; *Aen.* III 577 : fundoque exaestuat imo ;

580 : ruptis flammam exspirare caminis ; V 447 : ad terram pondere uasto / concidit ; — Ovid. *F.* IV, 491 sq.: alta iacet uasti super ora Typhoeos Aetne / cuius anhelatis ignibus ardet humus ; *Met.* V 346 sqq.: uasta Giganteis iniecta est insula membris / Trinacris et magnis subiectum molibus urget /... Typhoea...; degrauat Aetna caput sub qua resupinus arenas / eiectat flammamque uomit ore Typhoeus ; cf. *ex. Pont.* II, 10, 23; — Val. Fl. II 23 sqq.: Sicula pressus tellure Typhoeus; /... hunc sacras remouentem pectore flammas /... Neptunus in altum / abstulit.../ Aetnam / intulit ora premens ; trux ille eiectat adesi / fundamenta iugi ; pariter tunc omnis anhelat / Trinacria, iniectam fesso dum pectore molem / commouet experiens gemituque reponit inani ; — Stat. *Theb.* XI 8 : Encelado fumantem impresserit Aetnam ; XII 274 sq.: ipse remugit / Enceladus ruptoque uias illuminat igni ; — Clavd. *de piis fratr.* 32 : Enceladi fauces obriguisse reor.

74. Ovid. *Am.* III, 12, 41 sq. : exit in immensum fecunda licentia uatum / obligat historica nec sua uerba fide ; — Manil. I 750 : famae uulgata uetustas ; — Lvcan. IX 622 : uulgata per orbem / fabula.

75 sqq. Verg. *B.* IX 38 : neque est ignobile carmen ; —Tib. I, 4, 63 sq.: carmine purpurea est Nisi coma; carmina ni sint, / ex humero Pelopis non nituisset ebur ; — Ivven. II 149 : esse aliquos manes et subterranea regna / nec pueri credunt ; — Auson. *Epig.* 118, 17 : falsidici uates temerant qui carmine uerum.

77. Lvcr. I 1058 ; V 695 ; Verg. *G.* I 182 : sub terris ; — Verg. *Aen.* VI, 134 : bis nigra uidere / Tartara ; — Manil. I 325 sq.: Orpheus... manes... per ipsos / fecit iter domuitque infernas carmine leges.— *De inferis* cf. Lvcr. III 978 sqq., *in primis* 1011 sqq.: Cerberus et Furiae iam uero et lucis egestas /... Tartarus,... / qui neque sunt usquam nec possunt esse profecto ; — Senec. *Oed.* 582 sqq. : subito dehiscit terra et immenso sinu / laxata patuit. Ipse torpentes lacus uidi inter umbras e. q. s.; *Phoen.* 144 : Tartaro condi iuuat / et si quid ultra Tartarum est ; *Herc. Oet.* 742 : quaere si quid ulterius patet/terris... inferis ; *Herc. fur.* 1222 : si quod exsilium latet /ulterius Erebo, Cerbero ignotum et mihi,/ huc me abde, tellus.

78. Lvcr. I 123 : simulacra modis pallentia miris (cf. Verg. *G.* I 477) ; — Verg. *Aen.* IV 26 : pallentes umbras Erebi; VIII 244 : infernas reseret sedes et regna recludat / pallida e. q. s.; — *Culex* 273 : moesta obtenta Ditis ferrugine regna; — Lvcan. I 454 sqq.: umbrae /non tacitas Erebi sedes Ditisque profundi / pallida regna petunt.

79. Verg. *Aen.* VI 385 : Stygia... ab unda ; VII 773 : Stygias detrusit ad undas.

80. Lvcr. III 984 : Tityon... Acheronte iacentem ; 992: Tityos...in amore iacentem quem uolucres la cerant; 988 : qui... nouem dispessis iugera membris / optineat ; — Verg. *Aen.* VI, 595 sqq.: Tityon... cernere erat, per tota nouem cui iugera corpus / porrigitur ; — Ovid. *Met.* IV 456: nouemque /iugeribus distentus erat ; *Am.* III, 12, 25 : iidem per spatium Tityon porreximus ingens ; — Tib. I, 3, 75 : porrectusque nouem Tityos per iugera terrae.

81-82. Tib. I, 3, 77 sq.: Tantalus est illic et circum stagna, sed acrem / iamiam poturi deserit unda sitim; — *Octauia* 621 sq. : quis et Tantali uincat sitim, /... Tityi alitem, / Ixionis membra rapientem rotam.

83. Verg. *G.* III 38 sq.: tortos.. Ixionis angues / immanemque rotam ; — Ovid. *Met.* X 42 : stupuitque Ixionis orbis ; — Prop. V 11, 23 : taceant Ixionis orbes.

84. Lvcr. IV 732 sqq. : Centauros itaque et Scyllarum membra uidemus e. q. s.; — Verg. *Aen.* VI 285 sqq.: multaque praeterea uariarum monstra ferarum e. q. s.; —Prop. IV, 4, 45 sq. : an ficta in miseris descendit fabula gentes / et timor haud ultra quam rogus esse potest; III, 5, 26 : nonnihil ad uerum conscia terra sapit ; — Stat. *Theb.*VIII 15 sq.: et si quos procul inferiore barathro /altera nox aliisque grauat plaga caeca tenebris ; —Clavd. *in Ruf.* II 523 sqq. : agitate flagellis /trans Styga, trans Erebum ; uacuo mandate barathro / infra Titanum tenebras infraque recessus / Tartareos e. q. s.; — cf. *Ciris* 89 : quicquid et ut quisque est... locutus.

85. Verg. *Aen.* II 123; IV 204 *et alibi :* numina diuum ;
II 777 : numine diuum, cf. V, 56, VI 368 ; — Sen. *Herc.
fur.* 605 : atque in labores non satis terrae patent.

86. Lvcr. VI 1119 : caelum... nobis... alienum ; —
Manil. IV 311 : aliena per astra.

88 sqq. Verg. *Aen.* I 407 : falsis / ludis imaginibus ;
VI 293 caua sub imagine;—Horat. *Carm.* I, 33, 9 : quam
turpi Pholoe peccet adultero ; *Sat.* I, 2, 63 : in matrona
ancilla peccesue togata;—Ovid. *Her.* XVI 45 : uisa est
sub imagine somni; *Met.* II 37 : falsa... culpam sub imagine celat; *Am.* III, 12, 33 sq.: Iuppiter aut in aues aut se
transformat in aurum / aut secat imposita uirgine taurus
aquas ; *ibid.* III, 8, 29 sq. : Iuppiter admonitus nihil esse
potentius auro / corruptae pretium uirginis ipse fuit ; —
Manil. I 337 sqq.: Cycni, quem caelo Iuppiter ipse /impo-
suit formae pretio, qua cepit amantem, / cum deus in
niueum descendit uersus olorem e. q. s.; — *Octauia* 203
sqq. : se formas uertit in omnes / dominus caeli diuumque
pater / et modo pennas sumpsit oloris /modo Sidonii cor-
nua tauri, /aureus idem fluxit in imbri; 762 sqq.: si uera
loquax fama Tonantis / furta et gratos narrat amores
quem modo Ledae pressisse sinum /tectum plumis pen-
nisque ferunt, / modo per fluctus raptam Europen / tau-
rum tergo portasse trucem /... tibi quondam cui miranti /
fuluo, Danae, fluxit in auro.

90. Hor. *Carm.* III, 16, 8 : conuerso in pretium deo ;—
Manil. V 671 : pretiosa fluit; —Sulpic .Lvp. *de Cupid.* 7 :
sic quondam Acrisiae in gremium per claustra puellae / cor-
ruptore auro fluxit adulterium.

91. Hor. *A. P.* 9 : pictoribus atque poetis / quidlibet
audendi semper fuit aequa potestas.

92. Lvcan. IX 359 sq. : inuidus annoso famam qui
derogat aeuo, / qui uates ad ucra uocat.

93. Verg. *Aen.* III 577 : (Aetna) fundo... exaestuat
imo.

94. Manil. I 330 : immensum mundi reuolubilis orbem ; — Sen. *Herc. Oet.* 4 : quacumque Nereus terras
porrigi uetat.

95. Lvcr. I 1000 : terra mare et contra mare terras

terminat omnis; — Verg. *Aen.* IX 790 : partem quae
cingitur unda ; — Ovid. *Her.* X 61 : omne latus terrae
cingit mare ; — Manil. IV 595: ipsa natat tellus pelagi
lustrata corona ; — Avien. *Descr. orb. terr.* 81 : Oceani
nam terra salo praecingitur omnis; — Prisc. *Perieg.*
8 : Oceanum, tellus quo cingitur aequore tota.

98-99. Lvcr. II 669 : quamuis animantem ex omnibus unam e. q. s.; VI 668: per... mare ac terras... percurrere turbo ; — Ovid. *Met.* XV 342 : nam siue est
animal tellus et uiuit.

100. Lvcr. III 702-704 : dispertitur... per caulas corporis omnes, / ut cibus, in membra atque artus cum didi-
tur omnis...

101. Ovid. *Met.* I 337 : concepit... aera.

102. Scilicet *ineunte uersu apud* Lvcr. *tricies* : I 377,
439, 667, 809, 888, 901 ; II 132, 469, 710, 922, 976 ; III
563, 641, 765, 840 ; IV 254, 773, 792, 848, 893, 1126 ; V
405; VI 135, 185, 674, 732, 788, 837, 995, 1040; *apud* Verg.
sexies in G : I, 282, 493 ; II, 245, 534; III 266 ; IV 225;
sexies in Aen. : II 577; IV 379; VI 526, 750; XI 371;
XII 570. V. Alzinger, *op. cit.*

102 sqq. Lvcr. I 30 : per maria ac terras ; 340 : per
maria ac terras sublimaque caeli ; V 68 : terram caelum
mare sidera solem / lunaique globum; 92: principio maria
ac terras caelumque tuere e. q. s.; 449 sq. : terrai corpora
quaeque /... coibant / in medio atque imas capiebant omnia
sedes; 495 sqq.: terrae concreto corpore pondus constitit atque / omnis mundi quasi limus in imum / confluxit grauis et
subsedit funditus ut faex; / inde mare, inde aer, inde aether
e. q. s.; 594 : maria ac terras omnis caelumque; VI 491:
maria ac terras; cf. 612 *et alibi* ; — Verg. *B.* IV 50 sq.:
mundum / terrasque tractusque maris caelumque profundum (cf. *G.* IV 222) ; *Aen.* I 58 : maria ac terras caelumque profundum ; VI 724 sq.: caelum ac terras camposque
liquentes / lucentemque globum lunae Titaniaque astra ;
X 193: terras et sidera; — Ovid. *F.* V 11 sqq.: post chaos
ut primum data sunt tria corpora mundo e. q. s.; cf. *Tr.*
II 426 ; *Met.* I 21 sqq.; XII, 39-40 ; — Manil. I 488 : e
quis et maria et terras et sidera caeli / aetheraque...

constare ; III 96 : fortunae sors prima data est. — V
MANIL. I 122 sqq : siue... seu... siue...siue... seu...aut....
aut, etc.;—LVCAN. II 5 sqq.:siue... siue; cf. IX 303 sqq.:
uel... uel ; — STAT. Theb. VII 809 sqq.: siue... seu...
siue...seu... etc.; — CLAVD. R. Pr. I 171 sqq. : siue...
seu.

104. OVID. F. V 13 : pondere terra suo subsedit ;
Met. VIII 594 : o proxima terrae /regna vagae... sortite,
Tridentifer, undae ; — TIB. IV, I, 19 : qualis in immenso
desederit aere tellus ; — MANIL. I 159 : ultima subsedit
glomerato pondere tellus ; — LVCAN. IX 305 : nam neque
subsedit penitus ; VI 643 : in praeceps subsedit humus.

106. MANIL. I 165 : orbis... per undas / exsiluit.

110. LVCR. II 294 : nec stipata magis fuit ; V 486 ut...
condensa coiret (terra).

112. VERG. Aen. VI 477 : datum molitur iter.

112-114. LVCR. V 255 sq. : pars etiam glebarum ad
diluuiem reuocatur / imbribus et ripas radentia flumina
rodunt;—HOR.Carm. I,31,7 sq.: quae Liris quieta /mor-
det aqua taciturnus amnis ; III, 30,3: imber edax ; Epod.
XVI 53 sq.: largis /aquosusEurus arua radat imbribus ;
— OVID. ex P. IV, 2, 17 : scilicet ut limus uenas excae-
cat in undis.

114. aut etiam ineunte uersu LVCR. IV 936; V 701.

115. LVCR. VI 200 : quaerentes... uiam circumuersan-
tur.

115-116. LVCR. IV 370 : locis ex ordine certis ; —
VERG. G. I 60 : certis... locis.

116-117. LVCR. I 152 sq. : multa... fieri... tuentur /
quorum operum causas nulla ratione uidere / possunt ;
cf. VI 56 sq.; 90 sq.;— Cons. ad. Liv. de m. Dr. 238 : auctor
abit operis, sed tamen exstat opus.

117-118. LVCAN. III 459 sq. : telluris inanes /concus-
sisse sinus.

118. MANIL. I 116 : tantas emergere moles.

120. CLAVD. Carm. min. 26, 40 : flumen hiatus agit.

123. quin etiam decies apud LVCR.: I 311, 731, 782,
823 ; II 688, 826, 1013 ; III 657 ; IV 710 ; V 294 ; nouies
apud VERG. sc. bis in G.: II 269 ; III 457; septies in Aen.:

II 768 ; IV 309 ; VII 177, 299, 385 ; VIII 485 ; IX 799; v. Alzinger, *op. cit.* — Lvcr. II 362 : flumina... summis labentia ripis ; — Verg. *G.* I 132 : passim riuis currentia uina ; Manil. IV 417 : fugientia flumina ripis ; — cf. *Vot. ad Ocean.* (Baehrens P. L. M.,III p.165) 5: flumina quin etiam.

125. Verg. *G.* I 203 : illum in praeceps prono rapit alueus amni ; — Ovid. *Met.* XV 54 : fatalia fluminis ora.

125 sqq. Cf. Ovid. *Met.* XV 273 sqq. : sic ubi terreno Lycus est potatus hiatu, /exsistit procul hinc alioque renascitur ore, / sic modo combibitur, tecto modo gurgite lapsus, / redditur Argolicis ingens Erasinus in undis.

126. Lvcr. VI 540 sq. : multa... sub tergo terrai flumina tecta / uoluere ui fluctus.

128. Stat. *Silu.* I, 2, 205: flumina demerso trahit intemerata canali.

129. Prop. I, 20, 10 : uago fluminis hospitio.

132-134. Val. Fl. I 531 sq. : condita pergunt / ordine cuncta suo ; 808 sq. : adhuc incondita leti / sors superat.

134. Lvcr. VI 197 : magno indignantur murmure clausi ; — Verg. *Aen.* I 55 sq... magno cum murmure montis / circum claustra fremunt.

135. Lvcr. VI 493 sq. : per magni circum spiracula mundi / exitus introitusque elementis redditus exstat ; — Verg. *G.* I 89 : caeca relaxat / spiramenta; *Aen.* VII 568 : saeui spiracula Ditis.

136. Val. Fl. I 33 : haesura... uerba relinque / auribus.

137. Lvcr. VI 589 sq.: multae per mare pessum / subsedere... urbes ; — Lvcan. III 674 : sidentia pessum / corpora caesa tenent.

139. sine fine *apud* Verg. *Aen.* I 279 : imperium sine fine ; II 771 : sine fine furenti ; cf. Ovid. *Met.* II, 387, 502 *et alibi.*

140. Ovid. *Met.* XV 186 : cernis et *ineunte uersu* ; — Stat. *Theb.* II 13: ipsaque tellus / miratur patuisse retro.

140-141. Verg. *Aen.* VII 568 sqq. : hic specus horrendum et saeui spiracula Ditis / monstrantur e. q. s. ; X 526 : iacent penitus defossa ; — Sen. *Herc. fur.* 665 sq.:

hiat... rupes alta et immenso specu / ingens uorago faucibus uastis patet ; — SIL. ITAL. XII 126 sqq.: hinc uicina
palus... caecas stagnante uoragine fauces / laxat et hor-
rendos aperit telluris hiatus ; — LVCAN. VI 642 sqq.:
haud procul a Ditis caecis depressa cauernis / in praeceps
subsedit humus quam pallida pronis / urget silua comis ;
— FLAV. MEROB. *Pan.* 165 : ignotumque uident montana
cubilia caelum.

144. VERG. *G.* III 73 sq.: tu modo... praecipuum iam
inde a teneris impende laborem ; *Aen.* II 160 : tu modo
promissis maneas; IV 50: tu modo posce deos ueniam ; —
MANIL. I 458 : tu modo ne quaere ; — VERG. *G.* I 177 :
tenues... piget cognoscere curas ; — MANIL. III 37 :
ueras et percipe uoces; cf. 43 : nunc age subtili rem summa
perspice cura ; — STAT. *Silu.* V 2, 127 : surge animo et
fortes castrorum concipe curas.

145. LVCR. I 803, 893 ; II 565 ; III 690 ; VI 139, 249 :
manifesta docet (*uel* indicat) res : III 353 : manifestas
res.

146 sqq. LVCR. III 199 sq. : paruissima corpora pro-
quam / et levissima sunt, ita mobilitate fruuntur.

147. VERG. *Aen.* X 657 : nec Turnus segnior instat.

150. nec tamen *ineunte uersu uicies ap.* LVCR. : I 299
329, 745, 843 ; II 201, 461, 700 ; III 231, 238, 738, 1007 ;
IV 379, 704, 898 ; V 101, 366, 666, 1024 ; VI 1065, 1219 ;
v. Alzinger *op. cit.*; cf. VERG. *B.* I 57; *G.* I 118 ; *Ciris*
255.

151. LVCR. III 747 : uis animi ; IV 917 : uis animae ;
VI 693 : animai turbida... uis ; — MANIL. I 250 : uis animae diuina.

153. LVCR. I 254 sqq.: hinc... hinc *quater repetitum*; —
VERG. *G.* II 479 : unde tremor terris ; *Aen.* II 97 sqq.:
hinc... hinc... hinc.

153-154. LVCR. VI 1070 : uenae tabularum saepius
hiscant : — VERG. *G.* I 91 : uenas adstringit hiantes ;
— LVCAN. P. 624 : per hiantes... rimas.

155. LVCR. I 213 : quod si nulla forent; III 748: quod
si immortalis foret ; — MANIL. I 228 : quod si plana foret
tellus.

158 sqq. Lvcr. II 225 sqq. : quod si forte aliquis credit... / auius a uera longe ratione recedit ; cf. *ibid.* 80 sqq., 739 sq. ; VI 701-702 : in summo sunt uertice ... crateres,... nos quod fauces perhibemus et ora.

160. Verg. *Aen.* VIII 193 : spelunca... uasto submota recessu ; — Manil. IV 613 : uastoque recessu.

161. Ovid. *Her.* XVIII 155 : est aliud lumen multo mihi certius istis.

162. Lvcr. I 507 : nam quacumque uacat spatium quod inane uocamus.

164. Verg. *G.* IV 536 : irasque remittent ; — Ovid. *ex P.* I, 5, 3 : quasso languent in corpore uires.

165. quippe ubi *ineunte uersu duodecies ap.* Lvcr. : I 167, 182, 242, 617, 990 ; III 430 ; IV 434, 664, 771, 925 ; V 1158 ; VI 854 ; cf. Verg. *G.* I 505 ; — Tib. IV I, 157 ; — Prop. II 4, 19.

166-167. Lvcr. II 882 : arida ligna / explicat in flammas; VI 717 sq.: undas / cogentes sursus replent coguntque manere.

167. Verg. *Aen.* II 242 : ipso in limine portae ; X 355 : limine in ipso / Ausoniae; XI 881 : limine in ipso.

168 sqq. Lvcr. VI 197 sqq. : (uenti) magno indignantur murmure clausi / nubibus in caueisque ferarum more minantur, / nunc hinc nunc illinc fremitus per nubila mittunt e. q. s.

168. Verg. *Aen.* XI 525 : angustae... fauces ; — *Ciris* 463 : angustis... faucibus.

169. Verg. *G.* IV 169 ; *Aen.* I 436 : feruet opus.

172. Stat. *Silu.* III, I, 120 : fundamenta solo ; — Val. Fl. II 31 : fundamenta... iugi.

173. Lvcr. I 613 : unde neque auelli quicquam ; III 467 : unde neque exaudit uoces ; — Verg. *G.* III 490 : inde neque ; — *Ciris* 21 : si fas est credere ; — Manil. III 553 ; IV, 896 : credere fas est ; — Stat. *Theb.* II 595 : si fas est credere.

173-174. Lvcr. VI 565 sqq. : et metuunt magni naturam credere mundi / exitiale aliquod tempus clademque manere, / cum uideant tantam terrarum incumbere molem ; — *Octauia* 391 sqq.: tantus in caecum chaos / casurus

iterum ; tunc adest mundo dies /supremus ille, qui pre-
mat genus impium / caeli ruina.

176. Lvcr. III 533 : se posse... introrsum trahere.

177. Verg. *Aen.* II 309; III 375; — Lvcan. I 524 :
manifesta fides.

179. Lvcr. I 466 : haec per se cogant nos esse fateri ;
— Manil. V 484 : cogetque uidere;—Ivven. XIII 222 :
cogitque fateri.

181. Manil. V 584 : hinc uasti surgunt... orbes.

182. Verg. *G.* III 351 : medium Rhodope porrecta
sub axem ; — Lvcan. II 399 : mons inter geminas medius
se porrigit undas ; — Clavd. *R. Pr.* I 152 : in medio sco-
pulis se porrigit‿ Aetna perustis ; II *praet.* 19 : porrexit
Rhodope... rupes ; *Cons. III Hon.* 149 : fessos porreximus artus ; *Cons. IV Hon.* 442 : Rhoetia porrigit Alpes.

184. Ovid. *Met.* VII 538 ; VIII 210 : inter opus.

186 (= **194** b). Manil. I 35 : maior uti facies mundi
foret et ueneranda / non species tantum.

187. Verg. *Aen.* III 167 : hae nobis propriae sedes ;
VII 175 : hae sacris sedes epulis.

188. Lvcr. II 184 : nunc locus est, ut opinor,... con-
firmare ; cf. nunc *in transitu ineunte u. ter et tricies apud*
Lvcr.: I, 265, 830, 921, 953; II 62, 142, 333, 730, 865,
1023 ; III, 136, 258, 417 ; IV 110, 143, 176, 269, 522, 633,
673, 722, 877, 907 ; V 1161 ; VI 239, 495, 535, 639, 680,
738, 936, 1090 ; cf. Verg. *G.* IV 149 ; *Aen.* VII 37; XI
314 ; v. Alzinger, *op. cit.* ; cf. *ad u.* 218.

189. Verg. *Aen.* III 685 : leti discrimine paruo ; X
511 : tenui discrimine leti ; —Val. Fl. III 712 : tenui discrimine rerum.

190-191. Ovid. *F.* II 20 : nunc quoque dant uerbo
plurima uerba fidem.

192. Lvcr. II 869 : sed magis ipsa manu ducunt et credere cogunt ; V 104 : dictis dabit ipsa fidem res ; — Clavd.
R. Pr. I 159 : Aetnaeos opices solo cognoscere uisu / non
aditu tentare licet.

194-195. Lvcan. III 422 : sed cessere deis;... pauet ipse
sacerdos / accessus.

197. Prop. IV, 4, 26 : quis deus hanc mundi temperet arte domum.

198. Lvcr. VI 700 : saxa... subiectare et arenae tollere nimbos, — Verg. *G.* III 110: fuluae nimbus arenae tollitur ; *Aen.* III 576 : liquefacta... saxa sub auras... glomerat; —Ovid. *Met.* V 352 sq. :resupinus arenas / eiectat e. q. s.

198 sqq. Clavd. *R. Pr.* I 161 sqq. : : nunc uomit indigenas nimbos piceaque grauatum / foedat nube diem ; nunc molibus astra lacessit / terrificis damnisque suis incendia nutrit.

199. Lvcr. VI 692 : extrudit... mirando pondere saxa ; — Verg. *Aen.* VI 581 : fundo uoluuntur in imo.

200. Verg. *Aen.* III 571 : horrificis juxta tonat Aetna ruinis ; 576 : auulsa ... uiscera montis erigit / eructans.

202. Verg. *G.* I 103 : ipsa suas mirantur Gargara messes; *Aen.* VI 651 : arma... currusque uirum miratur inanes ; — Lvcan. VI 464 : Iuppiter urguens / miratur.

203. Lvcan. I 36 : bella Gigantum *exeunte uersu.*

206. Lvcan. VIII 830 : putres... harenas.

207-208. Lvcr. II 191 sq.: nec... sponte sua facere id sine ui subigente putandum est; VI 1020 : nec... sponte sua sursum possunt consurgere in auras ; cf. Verg. *B.* IV 45 ; *G.* II 11 ; *Aen.* VII 204 : sponte sua; — Ovid. *Am.* II, 9, 37 : ueniunt iam sponte sagittae ; — Verg. *Aen.* VI 147 : non uiribus ullis / uincere.

208. Lvcr. III 449 : ubi robustis adoleuit uiribus aetas.

210. Lvcr. VI 200 sqq. : ignis / semina conuoluunt e nubibus atque ita cogunt / multa rotantque cauis flammam fornacibus intus.

212. Lvcr. VI 685: uentus enim fit ubi est agitando percitus aer.

214. Ovid. *Met.* VIII 254: uigor ingenii... uelocis; — Ivven. III 73 : ingenium uelox.

216. Verg. *G.* I 514 : neque audit currus habenas.

217. Prop. V, 6, 39 : tibi militat arcus.

218 sqq. Lvcr. I 265 sqq.: nunc age...quoniam docui... accipe e. q. s.; I 951 sqq.: sed quoniam docui... nunc age...

euoluamus ; II 62 sqq.; VI 495 sq. ; 738 sq.: nunc age...
expediam ; II 142 sq.: nunc... paucis licet... cognoscere;
333 sqq.; IV 269 sq.; VI 535 sq.: nunc age... percipe ;
IV 176 sqq.: nunc age... edam ; 633 sq.; VI 239 sqq.;
1088 sqq.: nunc... expediam ; IV 673 sq. :nunc age...
agam ; 722 sqq.: nunc age... accipe et... percipe ; 752
sqq.: nunc igitur docui quoniam... scire licet; 877 sqq.:
nunc... dicam;907 sqq.: nunc... edam;V1161 sqq.: nunc...
non ita difficilest rationem reddere ; VI 680 sqq.: nunc
tamen... expediam ; 936 : nunc... repetam ; cf. IV 97 :
in promptu quoniam est ; II 583 : in promptu quorum ;
III 185 : quorum in promptu ; I 879 ; II 149, 246, 868 ;
III 106 ; VI 941 : in promptu ; — VERG. *G.* 149 sqq.: nunc
age... expediam (cf. *Aen.* VI 756 sqq.; VII 37 sqq.) ; XI
314 sq.: nunc adeo... expediam.

221. VERG. *G.* III 339 : qui tibi pastores Libyae...
uersu prosequar ? *Aen.* II 107 : prosequitur... et... fatur ;
— *Catal.* XI 41 : immensi... studia laboris.

222. VERG. *Aen.* IX 252sq.:quaeuobis, quae digna,uiri,
pro laudibus istis /proemia posse rear solui ? — MANIL.
IV 393 : pro pretio labor est nec sunt immunia tanta.

223 sqq. PERS. II 61 : o curuae in terris animae et
caelestium inanes.

224. LVCR. III 113 : effusum... iacet sine sensu corpus honestum; — OVID. *Met.* I, 84 sqq.: pronaque cum
spectent animalia cetera terras e. q. s.; — MANIL. IV
897 : proiecta iacent animalia cuncta / in terra.

225. VERG. G. II 490 : felix qui potuit rerum cognosce-
re causas ; — *Ciris* 254 : miserae causas exquirere tabis ;
— STAT. *Silu.* III, 5, 50: nosse fidem ; — CLAVD. *Epig.*
XVIII 5 : rerum... fidem.

226. LVCR. I 66 : primum Graius homo mortalis tollere contra / est oculos ausus ; V 1208 : expergefactum
caput erigere infit;—VERG. *Aen.* II 185: attollere molem /
roboribus textis ; III 134 : arcem... attollere tectis ; IX
681 : caelo /attollunt capita; — OVID. *Met.* I 85: os homini
sublime dedit caelumque tueri / iussit et erectos ad sidera
tollere vultus ; *F.* I 305 : admouere oculis distantia sidera

nostris / aetheraque ingenio supposuere suo ; — *Octauia*
385 : o quam iuuabat... caelum intueri.

227 sqq. Lvcr. V 95 sq.: una dies dabit exitio mul-
tosque per annos / sustentata ruet moles et machina
mundi ; 1212 sqq.: ecquaenam fuerit mundi genitalis
origo, / et simul ecquae sit finis... an diuinitus aeterna
donata salute / perpetuo possint aeui labentia tractu /
inmensi ualidas aeui contemnere uiris ; — Verg. *G.* II
108 : nosse quot... e. q. s.; — Ovid. *Met.* XV 66 sqq.:
magni primordia mundi / et rerum causas et quid natura
docebat ; quid deus ; unde niues e. q. s.

227. Gratt. *Cyn.* 135 : natalibus... arbitriis ; 365 :
auxilium... natale.

229. Manil. III 55 : alterno religatus foedere mundus ;
cf. II 807: dissociata fluat resoluto machina mundo ;—
Lvcan. I 79: totaque discors / machina diuolsi turbabit
foedera mundi.

230. Prop. III, 13, 21: plenae deducitur orbita lunae ;
— *Octauia* 388: (intueri)... solis alternas uices orbemque
Phoebes...

231. Verg. *B.* I 43 : bis senos... dies ; *Aen.* V 561 :
pueri bis seni ; IX 272 : bis sex ; XI 133 : bis senos... dies.

232. Ovid. *Met.* XV 71 : qua sidera lege mearent
e. q. s.; — Sen. *Phaed.* 331 : sidera currant.

232 sqq. Lvcr. II 252 : et uetere exoritur semper
nouus ordine certo ; V 679 : redeunt ex ordine certo ;
731 : cur nequeat semper noua luna creari / ordine for-
marum certo certisque figuris ; 736 : ordine cum possint
tam certo multa creari ; 1183 : caeli rationes ordine certo...
cernebant ; 1439 : certa ratione geri rem atque ordine
certo ; cf. II 242 : qui uarient motus ; — Manil. I 109 sq :
attribuitque suas formas, sua nomina signis /. quasque
uices agerent certa sub sorte notauit ; II 72 : nec sua
dispositos seruarent sidera cursus; 736: post cetera duces /
ordine quaeque suo, sicut stant astra locata.

234. Manil. I 806 : signorumque canam fatalia carmine iura.

234 b. Manil. I 244 : cum luce refert ; IV 431 : totiens
sub lege referre.

235 sqq. VERG. *G.* I 427 sqq. : luna... si nigrum obscuro comprehenderit aera cornu,/ maximus agricolis pelagoque parabitur imber e. q. s.; 431 : uento semper rubet aurea Phoebe ; 453 : (sol) caeruleus pluuiam denuntiat, igneus Euros ; cf. *Aen.* III 366 : denuntiat iras.

237. VERG. *Aen.* VII 51 : prima... iuuenta ; — MANIL. I, 99 : nubila cur *ineunte uersu.*

237 sqq. HORAT. *Carm.* IV, 7, 9 sqq: frigora mitescunt Zephyris, uer proterit aestas / interitura simul / pomifer autumnus fruges effuderit et mox / bruma recurrit iners ; — OVID. *Met.* XV 199 sqq.: Quid ? non in species succedere quattuor annum / adspicis, aetatis peragentem imitamina nostrae e. q. s. ; 212 sqq. : inde senilis hiems tremulo uenit horrida gradu e. q. s.

242. PROP. V, I 84 : et graue Saturni sidus in omne caput ; — IVVEN. VI 568 : quid sidus triste minatur / Saturni ...

245. MANIL. V 12 : hinc uocat Orion.

246. LVCR. II 100 ; IV 493 ; VI 429 : et quaecumque *ineunte uersu*; — OVID. *Met.* XV 72: et quodcumque latet.

249. LVCR. II 3 : iucunda uoluptas ; III 28 : quaedam diuina uoluptas ; — OVID. *F.* I 297 : Felices animae quibus haec cognoscere primis / inque domos superas scandere cura fuit.

251. MANIL. II 150 : astrorum... est natura notanda.

254. LVCR. VI 382 : indicia occultae diuum perquirere mentis ; — MANIL. IV 906 sq.: uictorque ad sidera mittit /sidereos oculos propiusque adspectat Olympum / inquiritque Iouem.

355. ENNIVS (*ap.* Cicer. *de re publ.* I, 18; cf. *de Diuin.* II 30) : ante pedes quod est nemo spectat ; caeli scrutantur plagas.

256. MANIL. IV 1: sollicitis uitam consumimus annis / torquemurque metu caecaque cupidine rerum.

275 sqq. LVCR. I 211-212 : fecundas uertentes uomere glebas,/ terraique solum subigentes (cf. V 210 sq.); VI 808 sq.: ubi argenti uenas aurique secuntur, /terrai penitus scrutantes abdita ferro ; — VERG. *G.* II 165-166 : haec eadem argenti riuos aerisque metalla / ostendit

uenis atque auro plurima fluxit ; — Ovid. *Tr.* I, 8, 41 :
silicis... uenae et... ferri semina ; — Manil. II 824 sq.:
quam rata sint fossis scrutatur uota metallis / atque ex
occulto quantum contingere possis ; IV 246 sqq.: scru-
tari caeca metalla / depositas et opes terramque exurere
uenis e. q. s.; V 523 sqq.: quaerere sub terris aurum fur-
toque latentem / naturam eruere omnem e. q. s.;—*Octauia*
417 sqq.: in parentis uiscera intrauit suae / deterior aetas:
eruit ferrum graue / aurumque.

276. Verg. *Aen.* V 830 sq. (*ubi deest prius* nunc) : pariter que sinistros / nunc dextros soluere sinus.

277. Verg. *Aen.* IX 608 : aut rastris terram domat.

257. Verg. *Aen.* IX 213 : pretio... redemptum; *Catal.*
VII 12 : fatebimur uerum.

258. Lvcr. III 57 ; IV 919 ; V 888 ; — Verg. *Aen.* VI
330, 573 ; IX 815 ; XII 6 ; — *Moret.* 116 : tum demum.

259 : Lvcr. II 12 ; III 62 : noctes atque dies niti praes-
tante labore ;—Verg. *Aen.* VI 127; Manil. IV 339 : noctes atque dies *ineunte uersu*;—Verg. *G.* I 125; Manil. I
877 : arua coloni *exeunte uersu*.

261 sqq. Verg. *G.* I 53 sqq.: et quid quaeque ferat regio
et quid quaeque recuset: / hic segetes, illic ueniunt feli-
cius uuae; / arborei fetus alibi atque iniussa uirescunt/
gramina; II 177 sq.: nunc locus aruorum ingeniis: quae
robora cuique, / quis color e. q. s.; 228 sq.: altera frumentis
quoniam fauet, altera Baccho, / densa magis Cereri, rarissima quaeque Lyaeo ; cf. *G.* II 144 : tenent oleae ; 181 :
Palladia gaudent silua uiuacis oliuae ; *Aen.* VI 131 : tenent media omnia siluae.

266. Prop. IV, 16, 17 : purpureo spument mihi dolia
musto.

270. Lvcan. II 655 : bellorum maxima merces.

271 sqq. Verg. *G.* II 490 sqq.: felix qui potuit rerum
cognoscere causas e. q. s.

273. Lvcr. II 593 : eximiis... furit ignibus impetus
Aetnae ; VI 367 : ignibus et uentis furibundus fluctuet aer.

274. Lvcr. V 1203 : mage pacata posse omnia mente
tueri.

275. Verg. *Aen.* X 695 : minas perfert caelique maris-

que ; — Manil. I 854 : et penetrant terras Aetnamque
minantur / Olympo ; — Lvcan. V 608 : non Euri cessasse
minas.

280. Lvcr. VI 667, 1090 : unde repente ; — Verg. *Aen.*
VIII 238 : inde repente ; — Stat. *Theb.* VIII 160 : data
foedere paruo / moesta uiris requies.

281 sqq. Lvcr. IV 892 sqq. : aer / ... per patefacta
uenit penetratque foramina largus / et dispergitur ad partis
ita quasque minutas / corporis ; V 457 sq. : per rara foramina terrae / partibus erumpens primus se sustulit aether;
VI 578 sqq. : uentus ubi atque animae subito vis maxima
quaedam / aut extrinsecus aut ipsa tellure coorta / in
loca se cava terrai coniecit ; 592 : fera vis venti per crebra
foramina terrae / dispertitur.;cf. I 1087 : tenuis exponunt
aeris auras ; — Verg. *Aen.* IV 278 : in tenuem ex oculis
evanuit auram (cf. IX 658) ; VII 646 : tenuis famae per-
labitur aura ; — Manil. I, 157 : tenuis... euomat auras.

284-286. Lvcr. II 521 : hinc flammis, illinc rigidis
infesta pruinis; VI 463: uenti / portantes.. ad summa cacumina montis; 467 sq.: ipso uertice de montis uideantur
surgere in aethram ; 469 sq. : nam loca declarat sursum
uentosa patere / res ipsa et sensus montis cum adscen-
dimus altos ; — Tib. II, 4, 9 : insanis cautes obnoxia uentis ;
— Sen. *Hipp.* 1128 sqq.: admota aetheriis culmina sedibus / Euros excipiunt, excipiunt Notos, / insani Boreae minas, / imbriferumque Corum.

287. Clavd. *Cons. III Hon.* 98 : coniurati... uenti.

288. Ovid. *Met.* XI 663 ; — Prop. III, 8, 56 : nubilus
Auster.

288 sq. Ovid. *Met.* VI 697 sq. : idem ego (*sc.* Boreas)
cum subii conuexa foramina terrae / supposuique ferox
imis mea terga cauernis.

289. Val. Fl. V 412: medii per terga senis (= Atlantis).

290. Verg. *Aen.* VII 411 : praecipiti delata Noto ; —
Val. Fl. III 275 : praecipiti plangore ruunt ; 404 : praeceps fragor.

291. Lvcr. I 395 : potest denserier aer ; V 339 : tor-
renti... uapore ; 410 : torrentibus auris.

292-298 : Lvcr. I 1038-1039 ; II 55-56 ; IV 11-18 :

VI 35-36: nam ueluti...sic; II 720-721; nam ueluti...ita;
III 447-448 : nam uelut... sic ; — VERG. *Aen.* IX 59-65 :
ac ueluti... haud aliter ; X 707-714 : ac uelut... haud
aliter; IX 792-797 ; X 357-360 : ceu... haud aliter; cf. IV
256 : haud aliter.

292. OVID. *Met.* II 8 : habet unda... Tritona cano-
rum ; —PROP. III 30, 16 : cum subito Triton ore recon-
dit aquam.

293. LVCR. IV 414 : conlectus... aquae ; 1065 : umo-
rem conlectum ; VI 557 : uentus... conlectus ; 571 : quasi
conlecti (*sc.* uenti) ; cf. VI 124 : ualidi uenti conlecta pro-
cella.

294. VERG. *Aen.* IV 463 : longas in fletum ducere
uoces ; — VAL. FL. III 602 : longas litore uoces/spargere.

295. LVCR. IV 76 ; VI 109 : magnis intenta theatris ;
— VERG. *Aen.* III 92 : mugire adytis cortina reclusis ;

296 sqq. OVID. *Tr.* II 220 : imparibus legeres carmina facta modis ; *ex P.* IV, 16, 36 : clauderet imparibus
uerba Capella modis; *F.*III 388 : ad certos uerba canenda
modos ; — CLAVD. *Mall.Th.Cons.*316 sqq.:et qui magna
leui detrudens murmura tactu / innumeras voces segetis
moderator ahenae / intonet erranti digito penitusque
trabali / uecte laborantes in carmina concitet undas.

297. VERG. *G.* II 217 : quae tenuem exhalat nebulam ;
X 227 : tacitis subremigat undis.

298. LVCR. V 410 : res exustae torrentibus auris.

299. LVCR. I 722 : Aetnaea minantur / murmura
flammarum;— VERG. *Aen.* I 55 : magno cum murmure
montis.

300 sq. LVCR. VI 536 sqq. : terram fac ut esse rearis /
subter item ut supera uentosis undique plenam / spe-
luncis e. q. s.; 542 : undique enim similem esse sui res pos-
tulat ipsa.

305. Quod si forte *ineunte uersu septies apud* LVCR. :
I 391, 665 ; II 225, 924, 931 ; III 722 ; V 338; v. Alzinger,
op. cit.; *cf. u.* **328**.

306. VERG. *Aen.* V 20 : consurgunt uenti ; — VAL. FL.
I 625 : putant consurgere uentos.

307. VERG. *Aen.* II 19 : penitusque cauernas / ingentes.

310 sq. OVID. *Met.* I 571 sq.: deiectuque graui tenues agitantia fumos / nubila conducit summisque adspergine siluis / impluit.

312. VERG. *Aen.* II 604 sq. : quae... humida circum / caligat, nubem eripiam.

314. LVCR. I 271 : uenti uis uerberat incita pontum ; IV 259 : uentus... paulatim cum uerberat. ; — VERG. *Aen.* V 377 : uerberat ictibus auras ; VII 8 : aspirant aurae in noctem ; X 893 : calcibus auras / uerberat.

315. MANIL. I 36 : ipsa potentia rerum ; — OVID. *Met.* III 328 : si tanta potentia plagae.

317. VERG. *Aen.* XII 101 : his agitur furiis.

318. LVCR. V 1132 : angustum per iter luctantes.

319 sqq. VERG. *Aen.* II 379-382 : ueluti... haud secus ; IV 441-447 ; XI 809-814 : uelut... haud secus ; — VAL. FLACC. V 521 : imo sub gurgite concipit Austros / unda.

320. VERG. *G.* II 399 ; *Aen.* I 94 ; IV 588 ; XII 155 : terque quaterque.

321. VERG. *G.* I 333 : ingeminant Austri et densissimus imber;—OVID. *Met.* XV 181sq.:ut unda impellitur unda / urgeturque prior ueniente urgetque priorem ; — HOR. *Ep.* II, 2, 175 : et heres / heredem alterius uelut unda superuenit undam.

323. LVCR. VI 574 : recipit prolapsa suas in pondere sedes ; — VERG. *Aen.* XII 688 : siluas armenta uirosque / inuoluens secum ; — MANIL. I 34 : pondera, uires ; 870 : suo... igne cometas;— VAL. FL. III 564: adiutae prono nam pondere uires.

324. LVCR. VI : denso corpore nubes.

325. LVCR. VI 338 : quaecumque morantur / obuia discutiat.

325-327. LVCR. VI 200 sqq. : quaerentes... uiam circum uersantur et ignis /semina conuoluunt e nubibus atque ita cogunt / multa rotantque causis flammam fornacibus intus /donec diuolsa fulserunt nube corusci.

327. VERG. *G.* II 462 : totis uomit aedibus undam.

328. Lvcr. III 533, 698 : quod si forte putas; *cf. u.* **305.**

328-330. Manil. III 203 : forsitan et quaeras agili rem corde notandam ; cf. I 701 sqq.: nec quaerendus erit, uisus incurrit in ipsos / sponte sua seque ipse docet cogitque notari ; V 483 : cogetque uidere.

331. Val. Fl. I 82 : aethere caeruleum... imbrem ; III 91 : caeruleo... Iuppiter agmine nubem / constituit.

332. Lvcr. IV 402 : iamque rubrum tremulis iubar· ignibus erigere alte /cum caeptat natura;—Stat. *Theb.* I 343 : sed nec puniceo rediturum nubila caelo /promisere iubar ; V 362 : caeruleo grauidam cum Iuppiter imbri / ...nubem...sistit ; — *Octauia* 1 sqq.: iam uaga caelo sidera fulgens /Aurora fugat, surgit Titan /radiante coma ; 390 : late... fulgens aetheris magni decus.

334. Verg. *Aen.* II 604 sq.: quae nunc... humida circum / caligat (*sc.* nubes) ; — Ovid. *Met.* III 418 : adstupet ipse sibi uultuque immotus eodem / haeret; VIII 2 : humida surgunt / nubila.

335. Verg. *Aen.* VI 357 : prospexi Italiam summa sublimis ab unda; XI 527 : tuti... receptus.

338. Tib. III, 4, 53 : pro qua sollicitas caelestia numina uotis ; — Sen. *Oed.* 199 : uoto numina placent.

340. Lvcan. VI 748 : indespecta tenet vobis qui Tartara ; — Lvcr. I 59, 176 ; II 678, 755, 833, 1059, 1072 ; VI 662, 789, 1093 : semina rerum *exeunte uersu* (*decies*) ; — Verg. *Aen.* IV 232, 272 : tantarum gloria rerum *exeunte uersu* (*bis*).

341. Ovid. *F.* II 649 : sicco... primas irritat cortice flammas ; — Petr. *B. C.* 191 : fluctus stupuere pruina ; — Mart. IX, 99, 10 : pigro quae stupet unda lacu ; — Stat. *Th.* IX 529 : quique sub amne diu stupuit cruor; X 194 : stupet obruta somno / Aeonidum legio.

342. Verg. *Aen.* V 648 : qui spiritus illi.

343. Lvcr. I 725 : ad caelum... ferat flammai fulgura.

344. Verg. *Aen.* V 662 : furit immissis Vulcanus habenis ; XII 471 : flectit habenas ; — Manil. III 372 : et dabit in pronum laxas effusus habenas ; — Stat. *Silu.* V, 1, 37 : qui flectit habenas / orbis.

347. Verg. *Aen.* V 49 : dies, nisi fallor, adest.

348. Lvcr. I 324 : nulla potest oculorum acies contenta tueri.

349 sqq. Clavd. *Cons. VI Hon.* 325 sqq. : lustralem sic rite facem... / circum membra rotat doctus purganda sacerdos / rore pio spargens.

350. Prop. V 3 50 : hanc Venus, ut uiuat, uentilat ipsa facem ; — Ivven. III 253 : cursu uentilat ignem ; — Calp. *Ecl.* XI 63 sq. : ter uillis, ter fronde sacra, ter ture uaporo / lustrauit.

351. Lvcr. IV 262 sqq. : fieri... perinde uidemus / corpore tum plagas in nostro tanquam aliquae res / uerberet atque sui det sensum corporis extra ; V 957 : uerbera uentorum uitare ; VI 1028 : circumpositus res uerberat aer ; — Manil. V 600 : uerberat ora.

352. Verg. *G* II 272 : adeo in teneris.

353. Verg. *G.* I 85 : leuem stipulam.

353 sqq. Gratt. *Cyn.* 456 sqq. : deus illam molliter aram / lambit et ipse, suos ubi contigit ignis honores, / defugit ab sacris e. q. s.

356. *Octauia* 475 : dare / orbi quietem, saeculo pacem suo.

357. Lvcr. V 575 : Siue notho... lumine..., siue... proprio... de corpore.

359. Lvcr. VI 700 : saxa... subiectare et arenae tollere nimbos ; — Verg. *G.* III 241 : nigram... alte subiectat arenam ; *Aen.* IX 714 : nigrae attolluntur arenae.

361. Lvcr. I 725 : ad caelum... ferat flammai fulgura ; VI 182 : fulgura flammae ; — Verg. *Aen.* III 574: attollit globos flammarum et sidera lambit ; XI 548 : tantus se nubibus imber / ruperat.

362. Lvcr. VI 560 : incumbit tellus quo uenti prona premit uis ; — Verg. *Aen.* IV 669 : non aliter quam si.

363 sqq. Lvcr. I 898 : arboribus uicina cacumina... terantur / inter se ; V 1100 : mutua dum inter se rami stirpesque feruntur ; cf. V 1096 sqq.; — *Ciris* 450 : marmorea adductis tabescunt bracchia nodis ; — Ovid. *Met.* IV 490 : nexaque uipereis distendens bracchia nodis ; — Tib. I, 8, 5, magico religatum bracchia nodo.

365. Lvcr. VI 187 : nec tibi sit frudi quod ; — Verg.

B. II 34 ; X 17 : nec te poeniteat ; — OVID. *Her.* XV 55 : neu uos decipiant blandae mendacia linguae ; *Met.* XI 253 : nec te decipiat centum mentita figuras ; *Am.* I, 8, 65 : nec te decipiant ueteres circa atria cerae ; — PROP. I, 9, 25 : nec te decipiat quod.

367. LVCR. VI 571 : et quasi collecti redeunt ceduntque repulsi.

371. LVCR. IV 798 : praesto sint simulacra.

372. VERG. *Aen.* V 5 : causa latet *ineunte uersu.* ; —OVID. *Met.* IV 287 causa latet.; *Am.* III 6 88 : quid coeptum... rumpis iter ? — RVT. NAM. I 108 : rupit Tarpeias... uias.

373. VERG. *G.* III 508 : obsessas fauces premit aspera lingua.

373 sq. LVCR. VI 544 : terra superne tremit magnis concussa ruinis / subter ubi ingentis speluncas subruit aetas ; / quippe cadunt toti montes e. q. s.

377. STAT. *Silu.* IV, 6 30 : desidia est.

378. LVCR. V 886 ; VI 128 ; — VERG. *G.* III 235 ; IV 189, 544, 552 ; *Aen.* IV 80 ; V 362 : post ubi *initio uersus*.

379. VERG. *Aen.* II 497 : oppositas... euicit gurgite moles ; II 134 : uincula rupi ; V 510 : nodos et uincula linea rupit ; 543 : qui uincula rupit ; XII 30 : uincla omnia rupi.

382. VERG. *G.* I 471 : Cyclopum efferuere in agros / uidimus undantem ruptis fornacibus Aetnam ; *Aen.* VIII 8 : latos... agros.

384. LVCR. V 1252 : quicquid id est, quacumque e causa flammeus ardor /... siluas exederat ; cf. I 903 : creant incendia siluis.

390. LVCR. V 906 : acrem... flammam.

393. GRATT. *Cyn.* 433 : quam subter eunti / stagna sedent ; — RVT. NAM. I 265 : elicitas simili... origine nymphas.

394. VERG. *Aen.* XI 893 : robore duro.

396. VERG. *Aen.* IX 343 : multam sine nomine plebem ; — MANIL. I 471 : fugiunt sine nomine signa ; V 737 : sine nomine turbam.

399. MANIL. II 189 : sibi uindicat.

401-403. SYMPH. *Aenigm.* LXXV : semper inest in me,

sed raro cernitur ignis;/ intus enim latitat, sed solos prodit ad ictus.

408 sq. OVID. *Am.* II, 6, 14 ; et stetit ad finem longa tenaxque fides; — *Cons. ad. Liv.* 113 : Congelat interdum lacrimas duratque tenetque ; — RVT. NAM. I 482 : ut fixos latices torrida duret humus.

409. PROP. I, 16, 29 : sit licet et saxo patientior illa Sicano.

410. *Moret.* 83 : uix unquam *ineunte uersu* ; — LVCR. I 724 : faucibus eruptos iterum uis ut uomat ignis.

411. LVCR. II 68 : nam certe non inter se stipata cohaeret / materies.

413. LVCR. III 192 : pigri latices magis et cunctantior actus.

414. LVCR. VI 682 sq.: totius subcaua montis / est natura, fere silicum suffulta cauernis.

416. OVID. *ex P.* IV, 8, 47 : carmine fit uiuax uirtus.

418. LVCR. I 1030 : ut semel in motus coniectast ; IV 610 : ut sunt missa semel ; — VERG. X 570 : ut semel intepuit mucro.

419. VERG. *Aen.* VI 6 : semina flammae... abstrusa in uenis silicis.

425. LVCR. V 1288 : copia maior (*sc.* aeris).

426. VERG. *G.* I 432 : is certissimus auctor : 439 : solem certissima signa sequuntur.

428-429. VERG. *Aen.* VI 448 : iuuenis quondam nunc femina.

429-431 : LVCR. VI 747 sq.: is locus est Cumas aput, acri sulpure montes / oppleti calidis ubi fumant fontibus aucti; — PETR. *B. C.* 67 sqq.: est locus exciso penitus demersus hiatu / Parthenopen inter magnaeque Dicarchidos arua e. q. s.

430. PROP. IV, 22, 1 : frigida tam multos placuit tibi Cyzicus annos.

437. MANIL. I 823 sqq.: in breue uiuit opus cœpta atque incendia fine / subsistunt.

438. VAL. FL. VIII 217 : insula Sarmaticae Peuce stat nomine nymphae.

439 sq. VERG. *Aen.* I 3 : iactatus et alto ; XI 527 : tu-
tique receptus.

443. VERG. *Aen.* VI 185 : atque haec ipse *ineunte uersu*.

446. VERG. *G.* II 297 ; *Aen.* IV 363 ; V 408 ; XII 764 :
huc illuc *ineunte uersu* ; — TIB. I, 3, 70 : huc illuc.

447 sq. LVCR. V 104 sq.: dictis dabit ipsa fidem res /
forsitan et... cernes.

449. LVCR. I 352 : usque ab radicibus imis ; VI 141 :
radicibus haurit ab imis; — VERG. *G.* I 319: ab radicibus
imis; *Aen.* VIII 237 : imis / auulsam radicibus.

451. LVCR. *exeunte versu* I 327 ; II 248; IV 1231 : cernere possis ; III 158 : noscere possit ; III 181 : pernoscere
possis.

453. OVID. *Met.* XV 352 sq.: ubi terra cibos alimen-
taque pinguia flammae / non dabit e. q. s.; cf. 347 : siue...
habentem semina flammae / materiam iactant, ea concipit ictibus ignem.

453-454 : LVCR. II 675 : unde ignem iacere... possint ;— VERG. *G.* I 427 : luna... cum primum colligit
ignes;— *Moret.* 92 : haec ubi collegit; — *Culex* 102 : qui
iacit... flammas... rapaces ; cf. VERG. *Aen.* I 715 : ille
ubi...

456. LVCR. VI 489 : haud igitur mirum est.

460. LVCR. I 10 ; III 14 : nam simul ac *ineunte uersu*.

461. LVCR. IV 566 : diffugit *ineunte uersu*.

462. LVCR. I 722 sq.: Aetnaea minantur / murmura
flammarum rursum se colligere iras.

463. VERG. *Aen.* II 489 : tum pauidae... errant ; XII
717 : pauidi cessere.

468. VERG. *Aen.* V 822 : tum uariae comitum facies.

469. VERG. *Aen.* I 423-425 ; IV 405-406 ; VI 6-7 ;
218 et 222 ; 491-492 ; 642-644 ; VII 624-626 ; XI 883-
888-889 ; XII 278 : pars... pars...

477. LVCR. III 152 ; IV 741 ; VERG. *G.* I 417 ; IV
88, 405, 443 ; *Aen.* III 670 ; VII 591 : uerum ubi *ineunte
uersu* ; LVCR. VI 100 : uerum ubicumque *itidem*.

483. VERG. *G.* I 245 : in morem fluminis ; *Aen.* VIII
88 : mitis... in morem stagni placidaeque paludis.

484. VERG. *B.* lX 7 : qua se subducere colles / incipiunt mollique iugum demittere cliuo.

488. MANIL. I 329 : tunc siluas et saxa trahens ; V 228 : nec siluas rupesque timent.

489. GRATT. *Cyn.* 405 : et magicis adiutas cantibus herbas ; — SIL. IT. VII 354 : adiutae pinguescere flammae / coepere.

490. VERG. *G.* II 391 : complentur ualles... cauae ; *Aen.* IX 124 : cunctatur et amnis.

491. VERG. *G.* II 432 : pascuntur... ignes nocturni ; III 458 : artus depascitur arida febris; *Aen.* II 215 : miseros morsu depascitur artus ; 684 : flamma... circum tempora pasci.

492. VAL. FL . VII 195 : ingeminant... aestus.

493. LVCR. I 720 : rapidum mare.

494. *Moret.* 88 : ac primum.

495. PLAVT. *Poen.* 510 : iste... gradus subcretust cribro pollinario.

498 sq. VERG.*Aen.* VII 415 : Allecto toruam faciem et furialia membra / exuit.

499. VERG. *Aen.* XII 254 : ui uictus et ipso / pondere defecit .

501 sq. LVCR. II 83 sqq. : cuncta necessest... ferri... ictu forte alterius. Nam cum cita saepe / obuia conflixere, fit ut diuersa repente dissiliant; III 170 sq. : uis horrida teli / ossibus ac neruis disclusis intus adacta ; VI 240 : possint ictu discludere turris.

509. LVCR. V 529 : pluris... sequor disponere causas : — VERG. *G.* III 373 : sed frustra *ineunte uersu*.

510. VERG. *Aen.* I 257-258 : manent immota tuorum / fata tibi ; V 348 sq. : uestra... munera uobis / certa manent ; — LVCAN. X 282 : fabula mendax.

516. VERG. *G.* I 91 : seu durat magis et uenas adstringit hiantes.

519. SIL. IT. XVII 18 : arguta... aera.

522. CLAVD. *R. Pros.* I, 242 : nec flumine tanto / incoctum maduit... metallum.

525. MANIL. IV 759 : ardent Aethiopes Cancro, cui plurimus ignis,/ hoc color ipse docet.

526. LVCR. V 307 : non... cernis... putrescere saxa.

527. MANIL. I 213 : sed similis toto orbe manct perque omnia par est ; IV 160 : perque omnia seruit.

529. LVCR. VI 1045 : ramenta... ferri furcre intus.

535. LVCR. V 1117 : quod si quis ; — VERG. *Aen.* VI 181 : fissile robur.

541 sqq. LVCR. I 490 sqq.: ferrum candescit in igni / dissiliuntque fero feruenti saxa uapore ; / cum labefactatus rigor auri soluitur aestu ; / tum glacies aeris flamma deuicta liquescit ; / permanat calor argentum e. q. s. ; V 306 denique non lapides quoque uinci cernis ab aeuo e. q. s.; VI 966 sqq.: ignis item liquidum facit aes aurumque resoluit ; cf. II 209 : non cadere in terram stellas et sidera cernis?

547. TIB. I, 4, 71 : blanditiis... locum : — MANIL. I, 887 : nec locus erat artis medici ; — IVVEN. VII 63 : quis locus ingenio ; — cf. MANIL. I 300 : iudice uincit.

549. LVCR. VI 450 : caeloque patenti.

553. CLAVD. *R. Pr.* I 170 : quae scopulos tormenta rotant e. q. s.

555. VERG. *G.* I 472 : fornacibus Aetnam *in fine uersus.*

557-558. LVCR. II 382 sq. : quare fulmineus multo penetralior ignis / quam noster fuat e taedis terrestribus ortus.

559. LVCR. VI 1186 : creber spiritus aut ingens.

561. AVSON. *Mos.* 267 : sic ubi fabriles exercet spiritus ignes.

563. VERG. *Aen.* XI 730 : uariis... instigat uocibus alas.

564. MANIL. I 206 : haec est naturae facies, sic mundus et ipse...; — VAL. FL. II 95 : nec fama notior Aetne.

567 sqq. HOR. *Carm.* III, 1, 48 : diuitias operosiores ; — PROP. I, 6, 13 sq. : an mihi sit tanti doctas cognoscere Athenas / atque Asiae ueteres cernere diuitias ? — OVID. *Met.* XV 667 : templa... operosa dei ; *F.* VI 637 : te quoque magnifica... dedicat aede ; *ex P.* II, 10, 21 : magnificas Asiae perspeximus urbes ; cf. *Am.* II, 10, 5 : operosa cultibus ambae ; — MANIL. IV 512 sqq.: sed iuuat ignotas semper transire per urbes / scrutarique nouum pelagus totius et esse / orbis in hospitio e. q. s.; — IVVEN. III

218 : Asianorum uetera ornamenta deorum. — Cf. Lvcr.
VI 12 : diuitiis homines... affluere.

570. Ovid. *F.* IV 311 : conscia mens recti famae
mendacia risit, / sed nos in uitium credula turba sumus ;
Am. III, 6, 17 : prodigiosa loquor ueterum mendacia uatum.

572. Ovid. *Am.* I, 13, 5 : nunc iuuat.

572 sqq. Hor. *A. P.* 394 sqq.: dictus et Amphion,
Thebanae conditor urbis, / saxa mouere sono testudinis
et prece blanda / ducere quo uellet ; — Prop. IV, 1, 42
sq. : saxa Cithaeronis Thebas agitata per artem / sponte
sua ad muri membra coisse ferunt ; — Sil. It. XI 440 sq.:
exaudita chelys lapidem testudine felix / ducere et in
muros posuisse uolentia saxa ; — Sid. Apoll. *Carm.*
XVIII 3 sq. : Ogygiamque chelyn quae saxa sequacia flec-
tens / cantibus auritos erexit carmine muros.

573. Verg. *Aen.* I 738 : ille impiger.

576. Ovid. *Tr.* V 5, 33 sqq.: commune saxum cum
fiat in ara / fratribus,... scinditur in partes atra fauilla
duas ; — Stat. *Th.* XII 429 sqq.: exundant diuiso uertice flammae / alternosque apices abrupta luce coruscant
e. q. s. ; —Lvcan. I 550 sqq.: flamma... scinditur in partes
geminoque cacumine surgit / Thebanos imitata rogos.

577. Manil. V 435 : rapta profundo / naufragia ; —
Stat. *Theb.* VII 819 : illum (*sc.* Amphiaraum) ingens
haurit specus.

579. Verg. *B.* I 57 : raucae, tua cura, palumbes ; *Aen.*
III 469 : sunt et sua dona parenti ; — Prop. IV, 2, 31 :
Veneris dominae uolucres, mea turba, columbae ; —
Ovid. *A. am.* III 811 : ita nunc, mea turba, puellae ; —
Val. Fl. IV 200: (gigas) quem nec sua turba tuendo...

582. Cat. LXIV, 133 ; perfide... Theseu ; — Ovid.
F. III 473 : periure et perfide Theseu.

583. Cat. LXIV 210 : dulcia nec moesto sustollens
signa parenti ; 235 : candidaque intorti sustollant uela
rudentes ; cf. *Catalept.* vii 8 : uela mittimus.

584 sqq. *Culex* 251 : Iam Pandionias miserandas prole
puellas / quarum uox Ityn edit e. q. s.

584. Ovid. *A. am.* III 223 : nunc nobile signum.

585 sqq. Verg. *B.* VI 78 sqq.: ut mutatos Terei nar-
rauerit artus, /quas illi Philomela dapes,quae dona para-
rit, / quo cursu deserta petiuerit et quibus ante / infelix
sua tecta super uolitauerit alis.

585. Lvcr. I 256 : frondiferas... nouis auibus canere
undique siluas ; — Verg. *B.* VI 52 : a ! uirgo infelix, tu
nunc in montibus erras ; *G.* II 328 : resonant auibus
uirgulta canoris ; *Aen.* I 140 : uestras, Eure, domos ; IX
525 : uos, o Calliope, precor.

586. Ovid. *Met.* VI 668: quarum petit altera siluas, /
altera tecta subit ; *Met.* XV 15 : inhospita tecta Croto-
nis ; — Sil. It. VIII 320 : domus hospita tecto; — Stat.
Silu. III, I, 109 : soror hospita.

587. Verg. *G.* III 249 : solis erratur in agris ; *Aen.*
V 613 : in sola secretae Troades acta ; XI 545 : solorum
nemorum ; 569 : solis... montibus.

588 sq. Verg. *Aen.* IV 344 : recidiua manu posuissem
Pergama uictis ; — Hor. *Carm.* I, 8,14 : lacrimosa Troiae /
funera ; II, 4,10 sq.:et ademptus Hector /tradidit fessis
leniora tolli / Pergama Graiis;—Manil. I 511 : Troianos
cineres ; III 7 sq.: non coniuratos reges Troiaque ca-
dente / Hectora uenalem cineri Priamumque ferentem;—
Ital. *Il. lat.* 931 : unus tota salus in quo Troiana manebat;
1019 : ruit omnis in uno / Hectore causa Phrygum ; —
Lvcan. VIII 529 : bustum cineresque mouere / Thessa-
licos audes ; — Stat. *Theb.* X 903 : en cineres Semeleaque
busta ; — Pentad. *Epig.* VIII : defensor patriae, iuuenum fortissimus, Hector, / qui murus miseris ciuibus
alter erat, / occubuit telo uiolenti victus Achillis : / occu-
buere simul spesque salusque Phrygum ; — Avs. *Epit.*
Her. XIV : Hectoris hic tumulus cum quo sua Troia
sepulta est ; cf. quoque Sil. It. XV 44 : dum cineri titu-
lum memorandaque nomina bustis / praetendit.

591. Verg. *Aen.* I 99 : saeuus ubi Aeacidae telo iacet
Hector ; VI 166 : Hectoris hic magni fuerat comes ; —
Senec. *Troad.* 348 : illo ex Achille qui manu Paridis iacet.

592. Hor. *Ep.* II, 1, 97: suspendit picta uultum men-
temque tabella ; *Sat.* II, 7, 95 : uel cum Pausiaca torpes,
insane, tabella.

593. Hor. *A. P.* 33: molles imitabitur aere capillos; —
Ovid. *A. am.* III 401 : si Venerem Cous nusquam pinxisset Apelles, / mersa sub aequoreis illa lateret aquis ;
ex P. IV, I, 30: aequoreo madidas quae premit imbre
comas ; *Tr.* II 527 : sic madidos siccat digitis Venus
uda capillos / et modo maternis tecta uidetur aquis ; —
Avson. *Epig.* 106 : ...complexa manu madidos aequore
crines / humidulis spumas stringit utraque comis ; — cf.
Culex 75 : gratae rorantes lacte capellae.

594. Ovid. *Tr.* II 526 : inque oculis facinus barbara
mater habet.

595. Ovid. *Met.* XII 34 : supposita fertur mutasse
Mycenida cerua.

596. Ovid. *ex P.* IV, 1, 34 : et similis uerae uacca
Myronis opus ; — Rvt. Nam. I 168 : gloria uiua patris ;
— Avs. *Epig.* 70, 4 : uiua tibi species uacca Myronis erit.

596 sq. Verg. *Aen.* VI 848 : excudent alii spirantia
mollius aera /... uiuos ducent de marmore uultus ; —
Stat. *Silu.* I, 347 : uidi artes ueterumque manus uariisque
metalla / uiua modis.

597. Verg. *Aen.* I 455 : artificum... manus inter se
operumque laborem / miratur; X, 167 : sub quo mille
manus iuuenum.

598. Prop. I, 6, 33 : seu pedibus terras seu pontum
carpere remis / ibis ; — Ovid. *Tr.* III, 2, 15 : dum tamen
et terris dubius iactabar et undis.

599. Ovid. *Met.* XV 218 : artifices natura manus ad-
mouit; — *Octauia* 386: parens natura...operis immensi
artifex ;—Avson. *Mos.* 49 : ast ego despectis quae census
opesque dederunt / naturae mirabor opus.

601. Verg. *Aen.* X 273 : cometae... rubent aut Sirius
ardor.

602 *ad fin.* Clavd. *Carm. min.* XXXIX de piis fratribus : *u. totum carmen.*

603. nec minus ille *ineunte uersu* Lvcr. III 1092 ;
exeunte u. Verg. *Aen.* X 812.

604. Lvcan. VI 295 : cum tota cauernis / egerit et
torrens in campos defluit Aetna.

605. Lvcr. II 118, 322 ; III 832 : et uelut *ineunte uersu.*

608. Lvcr. I 9 : placatum... nitet diffuso lumine caelum ; VI 691 : et crassa uoluit caligine fumum ; — Verg.
G. I 467 : cum caput obscura nitidum ferrugine texit ;
Aen. XI 187 : conditur in tenebras altum caligine caelum ; — Lvcan. IV 62 : ille (Eurus)... nubes... torsit ; IX
498 : torserat aera uentus.

609. Val. Fl. II 647 : mitia cultu.

611 sq. Val. Fl. IV 508 sq.: vixdum... iamque.

612. Ovid. Met. III 19 : Panopes... euaserat arma.

613 Verg. B. VI 27 : Aen. I 485 ; II 105, 228, 309,
624 ; III 47 ; IV 397, 450, 571 ; V 172, 227, 659, 720 ; VII
376, 519 ; IX 73 ; X 647 ; XI 633, 832 ; XII 257, 494,
756 : tum uero ineunte uersu (uicies ter) ; — Aen. II 617 :
pater... animosque uiresque... sufficit ; IX 717 : Mars...
animum uiresque Latinis / addidit.

613 sqq. Petr. B. C. 230 sqq.: onerisque ignara iuuentus / id pro quo metuit tantum trahit ; omnia secum /
hic uehit imprudens praedamque in praelia ducit.

614. Verg. Aen. VI 413 : gemuit sub pondere cumba.

615. Verg. Aen. V 15 : colligere arma iubet.

616. Ovid. Met. XIV 357 : nec me mea carmina fal-
lunt.

619. Hor. Carm. II, 14, 24 ; linquenda tellus... neque
harum quas colis arborum... ulla breuem dominum seque-
tur : — Prop. IV, 3, 13 : haud ullas portabis opes Ache-
runtis ad undas ; / nudus ad infernas, stulte, vehere rates.

623 sq. Sil. It. XIV 197 : Catane... generasse pios
quondam celeberrima fratres ; — Clavd. de piis fratr. 1
aspice sudantes uenerando sub pondere fratres.

626 sq. Verg. Aen. II 596 : ubi fessum aetate parentem / liqueris Anchisen.

627. Verg. Aen. IX 687 : posuere in limine uitam.

629. Catal. VIII 2 : uerum illi domino tu quoque diuitiae.

630. Manil. IV 578 : medios... ire per ignes ; —
Clavd. de piis fratribus 29 sq.: qui spretis opibus medios
properastis in ignes / nil praeter sanctam tollere canitiem.

631 sq. Verg. Aen. VII 602 ; IX 279 : maxima rerum
exeunte uersu; — Sen. Thy. 549 : nulla uis maior pietate

uera est ; — Stat. *Silu.* III, 3, 1 : summa deum pietas
cuius gratissima caelo... numina e. q. s.; — Clavd. *de piis
fratr.* 35 : senserunt elementa fidem ; cf. 3-4 : justa quibus
rapidae cessit reuerentia flammae / et mirata uagas rep-
pulit Aetna faces.

633. Verg. *Aen.* XII 368 : quacumque uiam secat
agmina cedunt.

634. *Ciris* 27 : felix illa dies, felix et dicitur annus ; —
Laus Pis. (Baehr. P. L. M., p. 221) 159 : felix illa dies ;
— cf. Manil. V 567.

635. Lvcr. IV 276 : dextra laeuaque secuntur ; —
Verg. *G.* I 235 ; *Aen.* VI 486, 656 ; XI 528 : dextra laeua-
aque.

637. Verg. *Aen.* IV 599 : quem subiisse umeris (aiunt)
confectum aetate parentem.

640. Ivven. III 139 : seruauit trepidam flagranti ex
aede Mineruam.

641. Manil. II 142 : carmina uatis ; — Stat. *Ach.* II
445 : cum... priscos... uirum mirarer honores.

642. Manil. II 437 : sacro sub nomine.

642 sq. Calp. *Ecl.* I 19 sq.: quem nunc emeritae per-
mensum tempora uitae / secreti pars orbis habet mun-
dusque piorum.

643. Verg. *Aen.* IV 596 : nunc te facta impia tangunt.

644. Hor. *Carm.* II, 13, 23 : sedes... discriptas piorum.

Ce volume,
de la Collection des Universités de France,
publié aux Éditions Les Belles Lettres,
a été achevé d'imprimer
en décembre 2002
sur presse rotative numérique
de Jouve
11, bd de Sébastopol, 75001 Paris

N° d'édition : 4527
Dépôt légal : décembre 2002

Imprimé en France